食と文化

時空をこえた食卓から

細田典明・編著
Noriaki Hosoda

北海道大学出版会

はじめに

本書は、北海道大学大学院文学研究科・文学部による平成二五年度公開講座「食と文化――食物を通じて、世界の文化を考える」の講義をもとにまとめたものです。案内用のパンフレットには「講座の趣旨」を次のように紹介しました。

人は食を通じて命を繋いでいくとともに、生活を豊かにして来ました。本講座では「食と文化」をテーマとして、講師の専門と関心に応じて、思想・歴史・文学・地域・社会の面から、「食」の様々なあり方と問題点を探求します。

実は、「食と文化」というテーマは前年度(平成二四年度)の公開講座「旅と交流――歴史を旅して、現代の問題を考える」の内容と深く関連しています。そこで、講師陣の多くは継続して「旅」から「食」への講義を担当していただきました。文学研究科の専門分野は「思想」「歴史・地域」「言語・文学」「人間科学」の四専攻に大別されます。そして、本書の章立ても、第一・二章が哲学・宗教学、第三・四章が歴史学、第五・六章が文学、第七・八章が地理学・社会学を専門とする内容です。図らずもこの章立てが、古代（第一・二章）から中世・近世（第三・四・五章）、近代（第六章）、現代（第七・八章）という時間軸に沿う結果になりました。

それぞれの講師は、専門分野から見た食と文化の諸相について、例えば、仏典や聖書は食べ物についてどのように説いているのか、ペルシア宮廷の食事、ヨーロッパ中世・近世の旅と飲食、中国やロシアの文学に見る食の風景を取り上げ、諸外国の歴史や文学と食に関する分かりやすい具体例を話題として提供します。さらに、地理学からブラジルにおけるサトウキビ栽培の発展を取り上げ、国際社会学から食と文化の問題点が指摘されます。それでは、各章で提供される食物と内容を概観しましょう。

第一章「古代インドの食の概念と食物の起源――神々と人間の食物」では、インド料理の脇役として欠かせないパッパラとラッシーが出てきます。パッパラは稲の誕生までの食物の起源の話につながります。ラッシーは、乳製品の話として醍醐からカルピス、アイスクリームに話題は及びます。古代インドの食の概念では、神々の世界では精神的なものが食物ですが、人間界の食物は自然に発生したものであり、節度なく横着な者の行為によって出現する食物が変容していきます。地上に出現した食物は稲にいたるまで植物であり動物ではありませんが、乳製品は美味の形容として用いられます。最後に、神々の食物と人間界の食物の違いと食に込められた日本人の思いが「日本文化」として見られる作品として、映画『異人たちとの夏』と宮沢賢治「永訣の朝」を紹介しています。

第二章「聖書は食べ物について何を教えているか」では、旧約聖書に記された食物禁忌(タブー)にあたるさまざまな食べ物があげられます。その中の豚肉について、新約聖書では許容される点にユダヤ教とキリスト教という二つの宗教の本質的な相違があることを指摘しています。新約聖書では、「ペトロは空腹を覚え、何か食べたいと思った。天が開き、大きな布のような入れ物が、四隅でつるされて、地上に下りてくるのを見た。その中には、あらゆる獣、地を這うもの、空の鳥が入っていた」。「神が清めた物を、清くないなどと、あなたは言ってはならない」。ペテロの回心は、ユダヤ教を母胎としながらキリスト教という新しい宗教が出現する出発点となります。最後に、聖書の掟をすべて実行して暮らそうとする『聖書男』を紹介し、作者の意識が次第にペテロの回心に近づいていくことを結論します。

第三章「ペルシア宮廷のワインとシャーベット」では、贅を尽くした近世(一六〜一八世紀)ペルシア(イラン)の宮廷の宴席から、ワインとシャーベット、焼き菓子やドライフルーツ、はちみつと砂糖が提供されます。アラビア語では、ワインとシャーベットは同じ「飲む」という単語から派生したもので、ペルシアの代表的食文化です。イスラーム以前のペルシアの伝説に非常に有名なワイン発見譚が残されています。食文化を知る上でワインはひとつの重要な指標となります。近世では、すでにペルシアはイスラームを受容し、領域内の大半がムスリムでした。すなわち、「飲酒はご法度」の宗教です。ですが、ワインを飲む習慣は廃れることはなく、宮廷から庶民にいたるまで幅広い層での飲酒文化が確認されます。そしてもうひとつ、食文化を検討する上で忘れてはならないのが「甘味」です。

第四章「中世・近世ヨーロッパの食文化——旅人の食卓から」では、パン・肉・油・チーズ・野菜・スパイス・ワイン・ビール・コーヒー・ココア、新しい食材として、トウモロコシ・ジャガイモが提供されます。中世から近世にかけて、旅人たちの飲食する場である宿屋の誕生から地域や時代で食文化が変化する様を見ることができます。そして、この当時の旅人たちが食べた料理や飲み物あるいは料理法を紹介するとともに、食事におけるマナー、食器の使い方、断食の習慣など、現在の私たちとは異なる飲食の状況が考察されます。また、キリスト教の断食日である肉なし日と特免、食事と身分は関係していたことについて、旅行記の情報では不思議と思われた事柄を歴史的な視点で整理し、中世から近世の食卓が社会構造に組み込まれ、身分を示す格好の材料となった過程が明らかにされています。

第五章「猪八戒は食いしん坊か?」では、猪八戒をガイド役として、中国の「食」が語られます。「猪」とは食べられるために改良された家畜、中華料理で最も重要な食材としての豚です。中華料理の饒舌な世界は、中国の文学の饒舌な世界に似ています。その中国の物語でいちばんのおしゃべりが『西遊記』の猪八戒で、この黒豚は妖怪であり、人間も食材とする一方、「自分は食うものであり、また食われるものである」という矛盾をはらんでいます。そして、三蔵法師は妖怪たちにとって最高の食材であり、彼の肉を喰えば不老長寿が得られます。八戒は大食いですが、妖怪なので飢餓にはおちいりません。三蔵法師は人間ですから食欲があります。三蔵自身の食欲と、三蔵を食べたいという妖怪たちの食欲。この三蔵という食材をめぐる、それぞれ逆方向の食欲こそが、『西遊記』物語を駆動させているエネルギーなのです。

第六章「ロシア文学における食の風景」では、ロシア文学に現れる食として、クワス・チューリカ・サモワール（を使う紅茶）・ピロシキとピローグ・シチーとカーシャ、ソーセージとズブロフカ、そして「白いパンと黒いパン」があげられます。「ロシア文学はロシア料理を糧としてきた。古典的傑作の不朽の登場人物たちと私たちの交友は食卓の上で結ばれてきた」といわれ、これらの食材はロシアの食文化の伝統や歴史、あるいは外国へのあこがれなどさまざまな要素を反映しています。これはロシア文化を考える上で興味深い手がかりとなります。それと同時に、そうした要素が小説の中で果たしている意味や役割を考察し、小説の主題や作家の方法といった点に目が向けられています。例えば、白いパンと黒いパンは、パンの種類が労働者間の格差や、労働の産物を味わうこともできない疎外の状況を描く記号としてはたらいています。

第七章「ブラジルにおけるサトウキビ生産の発展」では、食の生産の立場から、世界一の生産国であるブラジルのサトウキビの栽培に伴う課題が取り上げられます。砂糖は第三・四章でも重要な食品でした。ブラジルのサトウキビは、主にエタノールと砂糖に加工されますが、エタノールは、環境負荷の少ないバイオ燃料であり、日本はブラジル産エタノールの主要な輸入国です。サトウキビ栽培は、サンパウロ州と北東部に集中し、持続的な土地利用や無秩序な拡大食料生産という点で問題があります。さらに、大規模農家と中・小規模農家、収穫請負い業者と農業機械業者、精糖工場などの事例を紹介することから、ブラジルにおけるサトウキビ栽培の特徴を詳しく説明し、サトウキビ栽培の発展に伴う課題が具体的に指摘されます。食の生産は他の章でも言及されることはありましたが、グローバル化の問題を考える上で、重要な問題と言えます。

第八章「**フランスに見る食と文化の国際社会学**」では、はじめに、パリでの「サラメシ」と「フルコース」が、生存のための「食」と楽しみのための「食」として紹介されます。続いて、移民や外国人という観点から、ユダヤ系・アフリカ系・インド系・中国系の料理が、体験レポートされています。このように食が国境を越えていく「食のグローバル化」は、さまざまな料理を楽しむことができるが、食べる人のアイデンティティを規定し、ある人々の文化を決めつけてしまうという問題点をあげています。最後に「食と文化のこれから」として、食べることは外国人・移民のような他者を理解する重要な一歩であることが提言されます。本章で述べられる、食べる人のアイデンティティが文化であり、それぞれの文化が地域と時代を通じて育まれ、他の地域にも受容され独自に展開されていることは、本書全体にわたって見ることができます。

各章で展開される食文化を見ると、神々と人間の食の違い、聖典と解釈、王制と身分社会、食の洗練化、聖職者と品性、欲望と理性、文学表現(寓意・レアリア・名詮自性)、自己と他者、といった問題が、章の相互間で行き交い、文化の構成要素を探ることができます。さらに、断食、白パンと黒パン、豚や砂糖、といった具体的な事例が共通している章もあります。本書を「完食」され、食と文化の多様な諸相について、より深い理解が得られるようになれば、これに勝る喜びはありません。

細田典明

目次

第一章　古代インドの食の概念と食物の起源

――神々と人間の食物

細田典明

はじめに

インドの食べ物といえば誰でも連想するほど、カレーは日本に定着した食文化と言えます。そして、インド料理店でラッシーを注文される方も多いと思います。数種類のカレーを味わいたい方には「ターリー」という大皿料理がありますが、最初に「パッパラ」という薄い煎餅のようなものが出されることがあります。

ラッシーをはじめとする乳製品は、古代インド以来重要な食品で、仏典を通じて「乳《にゅう》・酪《らく》・生《しょう》酥《そ》・熟酥《じゅくそ》・醍醐《だいご》」＝「五味」として古く我が国に知られ、その実態は不明になったものの「五味」の最上の味を意味することば「醍醐味」は現代でも用いられています。

一方、「パッパラ」は「パーパド」とも呼ばれ、地域によって呼称が異なりますが、仏典では

図 **1-1**　ターリー　ラッシー（左上）・パッパラ（右上）

「パルパタカ」（サンスクリット語。サンスクリット語はインド古典全般に用いられる言語で、印欧語族に属し、古代ギリシャ語から現代ヨーロッパ諸語と共通する語源に遡る語彙を多く含みます）、「パッパタカ」（パーリ語。パーリ語は原始仏典に用いられる聖典語で、スリランカから東南アジア諸国に伝わりました。文語であるサンスクリット語に対して、口語化されたインド諸語のひとつとお考えください）という名の食物が世界の初めに現れた食物のひとつとして知られています。これは『起源経（アッガンニャ・スッタ）』という経典に伝えられているのですが、この経典は世界の成立と神々の食物から人間の食物へと変化する過程を説き、古代インドにおける食物について興味深い話題を提供しています。この経典の内容を紹介する前に、まずは古代インドの「食」の概念について考えてみたいと思います。

一　古代インドにおける食の概念

1　『チャーンドーギヤ・ウパニシャッド』第六章の粗大・中間・微細の三部分

仏教以前に成立したウパニシャッド（インドの最古の文献「ヴェーダ」の最終部分に属する哲学的文献）では、人体を構成する三要素として、「熱（「火」とも解釈）・水・食物（「地」とも解釈）」をあげています。このとらえ方は、後のインド哲学やインド医学の基本となり、それぞれ「激質・純質・闇質」という性質を持ち、この三要素のバランスが乱れると病気になると言われています。ウパニシャッドの哲人、ウッダーラカは息子シュヴェータケートゥに、食物をとらないと聖典のことばを思い出せなくなるほど思考が作用しなくなることを、一五日間絶食させることによって理解させます。しかし、水をとらないと気息が絶えてしまうので、水は必要に応じて補給するように助言し、「思考作用は食物から成り、気息は水から成り、ことばは熱から成る」と説いています。

「ダドゥヒ（酪）が撹拌されると、微細な部分は上方にのぼり、それがサルピス（熟酥）となる。それとまったく同じように、食物が食べられると、微細な部分は上方にのぼり、それが思考作用となるのである。」（『チャーンドーギヤ・ウパニシャッド』第六章第六節）

「ダドゥヒ(酪)」とは生乳が発酵した酸乳のことで、そのヒンディー語「ダヒ」はヨーグルトの一種にあたります。これを撹拌すると「ナヴァニータ(生酥)」というバターになり、さらに加熱すると「サルピス(熟酥)」というバターオイルができます。ちなみに、「ダヒ」を水などとともに撹拌し、脂肪分を除去すると「ラッシー」になります。

食物と並んで、熱と水も体内に摂取され、粗大な部分と中間の部分は身体を構成する要素になり、微細な部分はそれぞれ「ことば」と「気息」になります。人が死ぬとき、ことばは思考作用に合し話さなくなり、思考作用は気息に合し意識がなくなり、気息は熱に合し息が絶え、最後に熱が去ることが死であると説明されます。人体を構成する三要素は表1-1のようにまとめられ、食物の微細な部分が思考作用を形成し、熱と水も体内に摂取されて身体と生理機能を形成することが認められます。

表1-1 『チャーンドーギヤ・ウパニシャッド』第六章の三要素説

三要素(色)	熱(赤)	水(白)	食物(黒)
粗大	骨	尿	糞
中間	髄	血	肉
微細	語(ことば)	気息(いき)	思考作用(こころ)

2　身体と主体者を意味する「アートマン」の構成

食物が消化され微細になったものは、『ブリハッド・アーラニヤカ・ウパニシャッド』第四章では「神々の食物」とも言われます。ウパニシャッドでは、心臓内にアートマンが宿っていると考えます。このアートマンは「自我・自己」の意味ですが、視覚・聴覚・嗅覚・味覚・触覚を担う感覚器官と思考作用からなる肉体（「六根清浄」という場合、この六つの機能が清らかになる状態を意味します）という意味と、これらの感覚機能を統御する主体者の意味があります。自己の内にあって自己を統御するアートマンは、認識からなり、自ら輝きを発しています。肉体が滅びるとき、認識からなるアートマンは六つの機能を従えて、新たな生を受けます。

この二つの最古のウパニシャッドの教説は、『タイティリーヤ・ウパニシャッド』において、

①食物からなるアートマン
②気息からなるアートマン
③思考からなるアートマン
④認識からなるアートマン
⑤歓喜からなるアートマン

からなる「五蔵のアートマン」にまとめられます。食物からなる肉体を基礎にして生命活動が維持され、より精錬された「食」により、精神的な「思考」「認識」を持つ者となり、より高位の神々の

「歓喜」の世界に達します。歓喜の世界の最高位の「ブラフマンの世界」に達することが解脱です。

3 仏教における三つの世界

ウパニシャッドまでのヴェーダ(インド最古の文献。サンヒター、ブラーフマナ、アーラニヤカ、ウパニシャッドの四部門から構成される)の世界観では「天・空・地」の三つの世界を基本とし、ブラフマンを最高位とする神々の世界は「天」の世界に属します。

ところが、仏教では天を含む世界を輪廻の世界とし、「欲界・色界・無色界」という「三界」を立てます。

「欲界」は地獄、餓鬼、畜生、人間、天の五つの世界からなります(大乗仏教では「阿修羅」を加えて、六つの世界を輪廻することを「六道輪廻」と言います)。生殖や食事等の欲望を伴い、天の世界でも「六欲天」は欲界に属します。

「色界」は欲を離れた神々の世界で、姿形があり、その精度に応じて四禅天に区別されます。

「無色界」は姿形もなく、禅定によって四無色に区別されます。この無色界の第四番目の世界は三界の中でも最高位にあるので「有頂天」とも呼ばれます。

神々の中でも視覚・聴覚・嗅覚・味覚・触覚による「五欲」を享受する神々は欲界に属します。ウパニシャッドで最高位の「ブラフマン」は仏教では男性神「梵天」となり、色界初禅天には、梵《ぼん》衆天《しゅてん》、梵輔天《ぼんほてん》、大梵天の三種の梵天の世界があります。色界より高位の世界である無色界は、禅定の深まりによって体得される世界であり、高度な禅定を修めた修行者が識《し》りうる世界です。後代の仏伝では、ブッダが師事した二人の先生は無色界にある世界が悟りの世界であると教示します。ブッダは直ちにその世界に達しますが、無色界に悟りの境地はないと判断し、先生のもとを離れます。

4　仏伝の伝える絶食と食事

その後、ブッダは六年間の苦行の中で断食も行い、死に直面するまでにいたります。しかし、その先に目指す解脱はないと判断し、苦行を捨て村の少女スジャーターの差し出す乳粥を食し、心身を充実させた瞑想の中で悟りを得たと言われます。

図 **1-2**　断食するブッダ(Wikipedia より)

絶食は、「ベジタリアニズム(菜食主義)」とともに、ジャイナ教に代表されますが、当時の修行者には共通した要目と言えます。この行為は、これまで摂取された食によって形成された心身から不浄なものを落とす、現代風に言えば「デトックス」効果があると考えられています。

「絶食療法の科学」(フランス制作)という番組がNHK(BS)で放映され(二〇一二年四月二六日)、絶食に伴う臓器機能と細胞活動の変化、その効果と今後の医療としての可能性が紹介されていました。絶食療法の期間は二～三週間に及ぶもので、ウッダーラカが息子に二週間絶食させたことと一致します。また、絶食は医師の管理のもとに行わなければならないことに触れていましたが、禅定・ヨーガの場合にも、最初は師のもとで実践しなければならないことと同じ意味があるように思えます。未知の地帯を廻る者にとっての地図のように。

インドに限らず古典には、常識をはるかに超えた記述がありますが、こうした記述は必ずしも「常識」によって切り捨てられるべきではなく、未知なる可能性を秘めています。絶食についても、番組に登場する絶食療法の研究者の一人が「お腹がすけば体力が落ちる、これが常識です。同僚の経験豊富な研究者たちでさえ、絶食して体が強くなるなんて、想像していませんでした」と語っていました。

さて、ブッダが王子時代に豪奢な生活を過ごし、出家して絶食にいたる苦行を行ったことを伝える仏伝は、食を通じて飽食と飢餓の両面を対比させた構成ともとらえられます。そして、仏伝で具体的に食物の内容を伝えるのは、成道直前の「乳粥」と涅槃の前に食した「スーカラマッダヴァ(豚肉、茸とも解釈される)」の二カ所に限られ、どちらも仏伝のエポックとなる場面です。

仏教では食物の概念を四種類に分類し、この「四食《しじき》」が身心を活動させ、養育し、保持させると考えます。「生きる糧」としての食物は、通常の食物としての「段食《だんじき》」に加えて、精神的な「触《そく》食《じき》」・「思食《しじき》」・「識食《しきじき》」も心身を養うものとされます。

「触食」は、色・音・香り・味・感触などの感覚を楽しませるものです。欲界の神々はこの五感に触れるものを食として楽しみます。優れた料理は、食感・食器・温度等、さまざまな条件が最適な状態で提供されています。段食のみを食物と考える見方からすれば、食の効果を高めるほどのものと考えてしまいますが、例えば、お供え物をお考えください。お供え物は食べられることはありませんが、祖霊や神々にとっては色・音・香り・味・触感が食物となります。

「思食」は意思や希望を食とします。例えば、災害時に必要なことはライフラインの確保であり、食物の提供とともに被災者にとって安心できる環境が重要です。炭鉱で生き埋めになった生存者にとって、家族との連絡が生きる望みになります。こうした事例は「思食」として考えられます。

「識食」は認識を食ととらえます。五感を通して蓄積された経験(業《ごう》)からなる認識が次の生につながって、再生すると考えられます。ウパニシャッドでは主体者としてのアートマンは認識からなり、死後新しい身体を得ると説明されます。仏教ではこのアートマンの存在や霊魂を否定し「無我」を説くと言われますが、亡くなった人が再生する原因として、識がその意義を担っています。「識」の原語は「ヴィジュニャーナ」で、原始仏典の中で、死者の魂の行方を問う箇所がありますが、その箇所の「ヴィジュニャーナ」は「魂神」と訳されています。

このように、古代インドの食に関する記載を見てくると、断食も乞食《こつじき》も修行者のみの問題ではなく、時代と地域に応じて、現代の問題としてとらえなおすことができないでしょうか？　私たちは災害や食糧危機に遭遇する不安と美食を求める欲求とを同時に抱えているのではないでしょうか？

二　『起源経』に見る食物の起源——食の摂取と人間社会

次に、仏典の中から、世界で初めて現れた食物の話を取り上げます。『起源経』、パーリ語で『アッガンニャ・スッタ』(*Aggaññasutta*)は世界の起源、神々から人間となる過程と食物、社会制度の成立を説いています。この経典は単にバラモンを頂点とするカースト制度の批判として理解されるだけでなく、バラモン側にあった伝統的な知識をふまえた世界観を、どのように仏教の教義(法)に則した経典としてまとめたのかを知る手がかりを提供しています。この経典は、パーリ仏典中、比較的長い経を集めた『ディーガ・ニカーヤ』に収められています【原典1】。また、この経典の内容が広く伝播されていたことは、この内容を含むサンスクリット語原典が二点【原典2、3】、漢訳も五点あることから知られます【漢訳1〜5】。

1　『起源経(アッガンニャ・スッタ)』について

「アッガンニャ」とは、サンスクリット語「アグラ・ジュニャー」が音変化したもので、「アグラ」とは「はじめ・起源」、「ジュニャー」とは「知」を意味します。なお、「アグラ」はギリシャ語の「アルケー」と同族語であり、古代ギリシャ哲学における万物の根源を意味し、『新約聖書』「ヨハネによる福音書」冒頭「はじめにことばありき」の「はじめに」にあたります。また、「ジュニャー」は、「般若」の原語「プラジュニャー」の「ジュニャー」にあたり、第一節で問題にした「識」の原語「ヴィジュニャーナ」も「ジュニャー」から派生した用語であり、ギリシャ語の「グノーシス」と同族語で「知」を意味します。したがって、経名「アッガンニャ・スッタ」とは、「起源の知(としての法)」を説く経(スッタ)という意味になります。

この経典は古くから漢訳され、世界の成立がさまざまな縁からなることから『小縁経《しょうえんぎょう》』【漢訳1】、白衣と金幢という婆羅門(バラモン)出身の見習い比丘(沙弥)が縁起による世界の展開を聞くことから『白衣金幢二婆羅門縁起経《びゃくえこんどうにばらもんえんぎきょう》』【漢訳2】、白衣の姓は婆羅婆堂(バーラドヴァージャ)と漢訳されることから『婆羅婆堂経《ばらばどうきょう》』【漢訳3】と呼ばれます。「増壹阿含経《ぞういつあごんぎょう》」【漢訳4】には経名がありませんが、対応するパーリ仏典『アングッタラ・ニカーヤ』では「スリヤ(太陽)」という経名がつけられています。

原典や漢訳はもとより、英訳をはじめとするいくつかの翻訳も「aggañña-sutta」で検索すれば読むことができますので、以下に資料をあげておきます。なお、仏教漢訳文献の検索には「SAT大正新脩大藏經テキストデータベース」(http://21dzk.l.u-tokyo.ac.jp/SAT/ddb-bdk-sat2.php)のサイトが便利で、例えば、次の「資料」の『　』内の経名を検索すると、漢訳テキストとともに辞書や

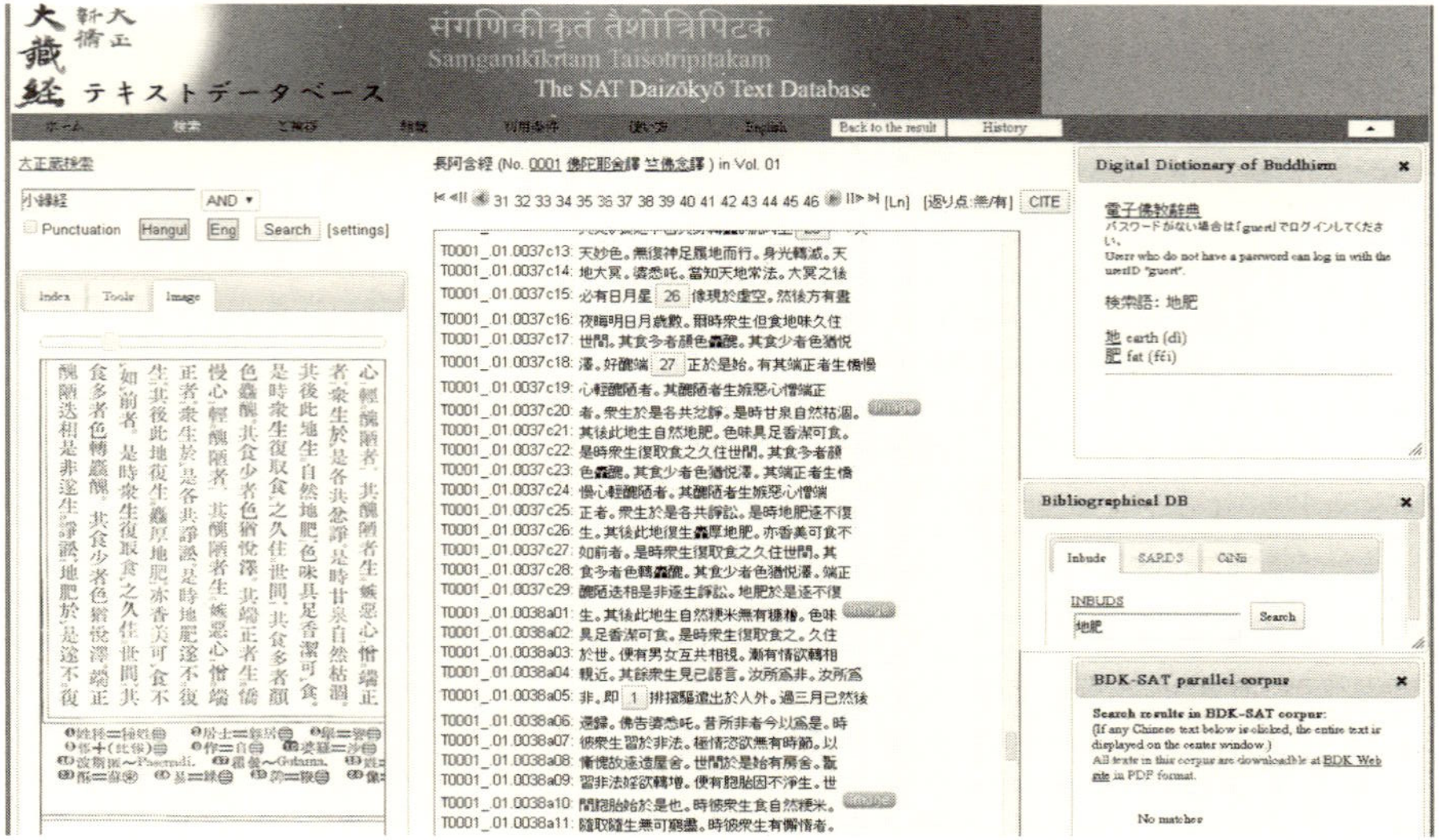

図 1-3　「大正新脩大藏經テキストデータベース」で「小縁経」を開いている画面。

中央に電子テキスト。左に「大正大蔵経」の画像。右上に「電子仏教辞典」。右中に研究論文検索タブ。右下に「英訳大蔵経」(刊行中)の参照タブ。

研究論文検索のタブを開くことができ、興味のある内容を調べたりすることができます。

資　料

【原典1［パーリ語］】『アッガンニャ・スッタ』(『ディーガ・ニカーヤ』第二七経)

【和訳】「世起経」片山一良訳『長部(ディーガニカーヤ)』パーティカ篇I、大蔵出版、二〇〇五年。

【漢訳1】「長阿含経《じょうあごんぎょう》」第五経『小縁経《しょうえんぎょう》』。

【漢訳2】『白衣金幢二婆羅門縁起経《びゃくえこんどうにばらもんえんぎきょう》』。

【漢訳3】「中阿含経《ちゅうあごんぎょう》」第一五四経『婆羅婆堂経《ばらばどうきょう》』。

【漢訳4】「増壱阿含経《ぞういつあごんぎょう》」『七日品』第四十之一(対応パーリ『アングッタラ・ニカーヤ』七・六二「スリヤ」)。

《仏伝の中に含まれる資料》

【原典2［サンスクリット語］】『サンガ・ブヘーダ・ヴァスツ』(*Saṅghabhedavastu*, ed. R. Gnoli)第一巻、七頁～。

【漢訳5】『根本説一切有部毘奈耶破僧事《こんぽんせついっさいうぶびなやはそうじ》』巻第一。

【原典3［サンスクリット語］】『マハーヴァスツ』(*Mahāvastu* ed. É. Senart)第一巻、三三八頁～。

【和訳】平岡聡著『ブッダの大いなる物語——梵文『マハーヴァストゥ』全訳』大蔵出版、二〇一〇年。

2　神々の世界から人間界へ

バラモンの身分を捨て、見習い比丘(沙弥)となった白衣(バーラドヴァージャ)と金幢(ヴァーセッタ)はバラモンたちから非難されます。ブッダは彼らに、ヴェーダ聖典に説かれるバラモンを最上とする階級制度を批判し、バラモン・王族・庶民・隷民、そして階級を捨て修行をする出家者

（沙門）のいずれもが、行い次第で悪人にも善人にもなること、そして「起源の知」としての法（ダルマ）を説いています。

インドの世界観では、世界は創造・維持・破壊のサイクルを繰り返します。本経では、世界が破滅するとき、多くの衆生《しゅじょう》（生きる者、人間のみならず神々や動物も含む）たちは光音天に転生します。光をことば（音）とする世界では、衆生たちは思考作用からなり、物質的な食物をとることなく、喜びを食物とし、自ら輝き、空中を行き、清浄の中にあって、久しく長い間、とどまります。そして、長い時間を経て、この世界が成立します。「その時、大地は水で満たされ闇に覆われていました。月と太陽・星と星座もなく、夜と昼・一月《ひとつき》と半月・季節と年、男女の区別もありませんでした」（趣意訳）。すなわち、世界の破壊時に光音天に避難した衆生たちは「思考作用から成り」、「自ら輝き」を有しているので、太陽等の光とそれに基づく時間の区別は必要なく、「喜びを食物」としているので、食物を摂取する必要がありません。「思考作用から成り」、「自ら輝く」光音天の衆生たちの表現は、先にあげた『ブリハッド・アーラニヤカ・ウパニシャッド』のアートマンの形容と同じです。

『起源経』における「食」の部分ですが、光音天から人間界に移動した衆生たちは、地上に現れた食物を指で舐め、手に取って食べ始めます。貪りの程度に応じて神々としての身体が変化し、美醜の差による差別が生じます。最初の食物は地の精、次に地餅、そして蔓草が現れ、続いて稲が現れ、その貯蔵により盗みが起こり、処罰する王を選出するまでが描かれます。以下にこの部分を紹介いたします。

3　人間界の食物

地の精の出現

世界が破滅してのち、やがて、「地の精」が、熱した乳が冷めて被膜が生じるように、水の上に広がります。それはサルピス(熟酥)やナヴァニータ(生酥)のような色で、蜜のように甘いものになりました。ある欲深い衆生がそれを指で舐めるととても気に入り、これを食糧とする「段食」が始まりました。他の衆生たちも同様に食べ始めましたが、次第に彼らの身体は硬く重くなり、「自らの輝き」が消え、月と太陽・星と星座・夜と昼・一月《ひとつき》と半月・季節と年が現れました。さらに地の精を食べ続けることによって、衆生たちに美醜の差別が生じました。美しい者は醜い者を軽蔑することで高慢心が生じ、地の精は消えました。

地餅(bhūmi-pappaṭaka/pṛthivi-parpaṭaka)の出現

地の精が消えると、地餅が現れました。地餅の「餅」に当たる原語「パッパタカ」(パーリ語)「パルパタカ」(サンスクリット語)は原義が不明で、「地餅・地肥・地苔・地衣」等さまざまに訳され、【漢訳2、5】が共通して地餅と訳しています。形状は「茸」に譬えられます。本章冒頭で触れたインド料理店で出される「パッパラ、もしくはパーパド」も共通の音で、語源辞典では植物としての

図 1-4　ヨウサイ(蕹菜，学名 *Ipomoea aquatica*)。ヒルガオ科サツマイモ属の野菜。[Wikipedia より]

「パルパタ」と食物としての「パルパタ」は区別されますが、「パルパタ」が共通の語から派生したとすれば、インド料理は、地の精に譬えられる乳製品としてのラッシーと二番目に現れた地餅としての「パッパラ」を提供していることになります。

『旧約聖書』「出エジプト記」第一六章に出てくる神が天から降らせた「マナ(manna)」という食物は、「薄いうろこのようなものがあり、ちょうど地に結ぶ薄い霜」のようであり、コリアンダーの実のように白く、その味は蜜を入れた煎餅のように甘いと言われています。地餅も食べ続けることによって、衆生たちに高慢心が生じ、地餅は消えました。

蔓草(badālatā/vanalata 林藤)の出現

地餅が消えると、蔓草が現れました。蔓草の原語は「ラター」でパーリ語・サンスクリット語に共通していますが、パーリ語では「バダー」もしくは「パダー」という語が「ラター」の前に付され、その意味は不明です。サンスクリット語ではその箇所を「ヴァナ」と読み、「林」を意味しますので、漢訳では「林藤」等と訳されています。形状は「蕹菜《ようさい》」に譬えられます。蔓草も食べ続けることによって、衆生たちに高慢心が生じ、蔓草は消えました。

耕さずして実る稲(akaṭṭhapāko sāli/taṇḍulaphalaśāliḥ)の出現

蔓草が消えると、耕さずして実る稲が現れました。「稲」の原語「シャーリ」は鮨の「シャリ」や韓国語「サル」(米)との関連が知られています。そしてこの稲は耕す必要もなく、糠も穀もない、よい香りのする米が実りました。「それを夕方に夕食のために運んで来ると、それは朝方に再び生長し、成熟したものになり、朝方に朝食のために運んで来ると、それは夕方に再び生長し、成熟したものになりました」。

これ以降の記述は「野生イネ」と「栽培イネ」の誕生について興味深い話題を提供しています。近年の農学研究では、「野生イネは広く開いた穂をもち、種子は熟すると自然に脱落するが、穂が閉じた形態に変化すると成熟した種子が落ちにくくなり、栽培化の初期に人間は成熟した種子が落ちにくい系統を積極的に選んだ」と言われています。また、この栽培イネからジャポニカ(米)が誕生し、インディカ(米)は野生イネ系統とジャポニカとの交配により誕生したという研究成果が報告されています。また、よい香りのする米、「香り米」は香りがイネ全体からしたと言われ、インド・パキスタン産の香り米は現在でも高級米として流通しているそうです。

4　稲の貯蔵・分割と盗み・刑罰

「耕さずして実る稲を食することによって、女性と男性の性徴が現れ、互いに見つめ合ううちに身を焦がし、淫法が行われるようになりました。また、その行為を隠すために、家を作り始めました」

色界の光音天から降下した衆生たちは、徐々に欲界の人間としての属性を身につけ、性徴が現れます。はじめは性行為を非難すべきものとして、それを見た者たちは塵や灰や牛糞を投げつけたため、家を作るようになったと言われます。『起源経』では人々の風習やことばの「謂われ」を「起源の知」として説明することがありますが、結婚式で塵や灰や牛糞を投げつける習慣もこの「謂われ」に根拠があると説明します。

「その結果、怠惰になった衆生は夕食と朝食のたびに稲を運ぶことが面倒になり、一日一回だけ運ぶことになりました。さらに、二日・四日・八日に一回だけ運ぶことになりました。ところが、貯蔵された稲を食べ始めると、それ以来籾糠も米を覆い、籾殻も米を覆い、刈られたものも再び生長することがなく、欠陥が認められました。もろもろの稲は、それぞれ叢となり、とどまりました」（趣意訳）。

野生イネから栽培イネに移行する過程が「貯蔵」によって示されていますが、ここで衆生たちは田を分割し境界を設けました。ところが、ある衆生は自己の領分はしっかり守り、与えられていない他者の領分の稲を取って、食べました。そこで、かれらは、その衆生を捕まえ、二度としないよう諫めますが、二度、三度同じことを繰り返します。そして、ある者たちは手で打ちつけ、ある者たちは土塊で打ちつけ、ある者たちは棒で打ちつけました。実にそれを始まりとして、偸盗が知られ、非難が知られ、妄語が知られ、刑罰が知られるようになりました。

彼らは、叱るべき者を正しく叱り、非難すべき者を正しく非難し、追放すべき者を正しく追放することができる者を選出し、稲の領分を贈与することにしました。これが王の誕生と言われます。

以上、『起源経』の内容を紹介しましたが、食物の起源が、天から食物の種を携えた神が天降る「デーメーテール神話型」や、排泄物から食物などを生み出す神を殺すことで食物の種が生まれた「ハイヌウェレ神話型」でもない、すなわち、神がもたらしたものではないことが知られます。

食物は自然に発生し、これを享受する衆生の貪りや慢心、稲作に関わる所有と分配、盗みと刑罰等、欲の深まりと社会の変化に伴う法のあり方を問題にしています。『起源経』は「殺生・偸盗・邪淫・妄語」が行われるようになった過程を、世界の起源に遡って説明していると言えます。

三　神々の食物と人間界の食物

1　日本人と乳製品

「バタ臭さ」

『起源経』の最初の三つの食物は「ナヴァニータ(生酥)やサルピス(熟酥)のような色で、蜜のように甘いもの」と形容されていました。ウパニシャッドでは、ダドゥヒ(酪)が撹拌され、その微細な部分がサルピス(熟酥)でした。サルピスは乳製品の中でもより精製度が高く、サルピスがさらに精製されたものが「醍醐」になります。本来の「醍醐味」がどのようなものだったかは不明ですが、醍醐は乳脂肪製品の最も精製されたものと考えられます。また、ナヴァニータから精製される「グリタ」は神々に捧げる供物として、最古のヴェーダ『リグ・ヴェーダ』以来知られ、今日でも「ギー」としてヒンドゥー教儀礼には欠かせない供物です。サルピスとグリタ(ギー)の違いも不明ですが、日本人には「脂肪分」は、供物としては敬遠されがちな要素なのではないでしょうか。インド料理店でラッシーを注文するのは、舌に皮膜を作り、カレーの辛い刺激を防ぐためと言いますが、実はカレーの中にはバターオイル「ギー」が多く含まれ、酸乳によって油分を中和させる効果があります。インドカレーを手で食すと手がベトベトになり、カレーを調理した鍋を洗うとルーに含まれるラードが鍋にこびりつきます。神々に好まれる「ギー」ですが、人間界では大量に摂取すると糖尿病などの原因になり、「ベジタリアン(菜食主義者)」が三割を占めるインドで問題になっています。

カルピス

サルピスの話に戻りますと、これはオイルバターであり、日本人が抱くイメージとはずいぶん異なっています。これは、サルピスが乳酸飲料「カルピス」を連想させることにあります。カルピスの精製過程から見れば、「ダドゥヒ(酪)」に相当します。日本で発明されたこの乳酸菌飲料の商品名を、仏教学者・渡辺海旭は「カルシウム」とサンスクリットの「サルピス」を合わせて「カルピス」と命名しました。

カルピス社が創業八十周年を記念して「カルピスの想い出」を募集し、『「カルピス」の忘れられないいい話』として、一九九七年(集英社文庫版、二〇〇〇年)に出版されました。応募作品の選者は山田太一・大林宣彦・内館牧子です。六作品がカルピス社のサイトで閲覧できますが、最初の「二本の「カルピス」」の話は、驚くべき内容です。

部品庫の一隅のベッドに立山上等兵は寝かされていた。……髑髏さながらの頭はもう骸骨に皮を被せた様に眼窩も落ち込んで、口の処は既に骨そのものとなって飛び出している。／完全な骨格標本であった。／衛生兵の説明では「もう一両日の命でしょう。第一血便ばかりで何も食べようとしません」と言う。

死に瀕している立山に、下給品で残された「二本のカルピス」の一つをせめて最後の飲物として飲ませたところ、アルミのコップ七分目の「カルピス」を全部飲み干し、血便が止まり、一週間目から「カルピス」を混ぜた粥を食べ始めた。……立山上等兵は生き続けた。「カルピス」二本が無くなる頃には、その助けなしに固めの粥を食べ始め、食欲もすすんで再び身体に肉がつきだした。／立山上等兵は助かったのだ。

絶食から心身の回復までの話が、遠いインドの過去の伝説ではなく、絶望的な危機状態から生きて帰る現実の話として伝えられていました。

2　亡き人との食物——アイスクリーム

「バタ臭い」ものを敬遠しがちな日本人にも好まれる乳脂肪製品は何かといえば、アイスクリームがあげられます。これまで、インドの食の概念と食物の起源について概観し、神々と人間界の食物の違いについて紹介してきましたが、最後に、亡き人と「アイスクリーム」に触れ、日本人の感性に訴える作品を二点、紹介したいと思います。一つめは『異人たちとの夏』、二つめは「永訣の

図 1-5　『異人たちとの夏』両親とアイスクリームを食べる。
『異人たちとの夏』監督/大林宣彦（1988 年）写真提供/松竹

朝」です。前者は、霊界と人間界の隔たりを、食物を通して表現している点、後者は「天上のアイスクリーム」と詠じた宮沢賢治が「兜卒の天の食」と読み替えている点です。両作品とも死者に対する深い敬慕の念が伝わります。

『異人たちとの夏』

山田太一の原作は一九八七年に発表・出版（新潮社）され、大林宣彦監督により一九八八年に映画化されました。異人たちとは、主人公が一二歳のときに交通事故で亡くなった両親、そして主人公が離婚後独り暮らしをするマンションで自殺した女性「ケイ」であり、彼らとともに過ごしたひと夏の体験を描いています。主人公は亡くなった両親に再会し、浅草「今半」で最後の晩餐をしますが、「異人」となった両親はすき焼きを食べることなく消えていきます。

両親との食事のシーンは何場面かありますが、両親の住むアパートから、浅草寺境内で串焼きの八目鰻を食べ歩きをする国際通りまでが異界で、「今半別館」はその先にあります。アパートで母親がアイスクリームを作り、三人で食べるシーンが印象的です。

異界と現世では時間の長さに差があり、例えば浦島太郎の竜宮城で過ごした時間は現世では老人となってしまうほどの長さになります。

父と母は彼岸の人であり、そういう人と交渉のあった人間の生気が奪われているということは、ありそうなことだった。伝説にも小説にもそのようなことはよく書かれている。

映画では主人公は恋人と過ごすマンションの部屋で鏡を見て老衰が進んでいることに気づきますが、原作では、まずインド料理店のレジの脇にある大きな鏡に映った主人公が少しも青白くないことを確認し、その後マンションでケイに「青いわ」と言われます。なお、「インド料理店」は映画では同僚とカレーを手で食べるシーンに使われ、食事の最中に「パッパラ」が運ばれ、中央に置かれます。

宮沢賢治「永訣の朝」

遠くへ逝ってしまう妹が繰り返す「あめゆじゅとてちてけんじや」ということばは、忘れることができないほど多くの人の心を共鳴させる響きと解釈を拒絶する力があります。妹の望みは「ふたわんのゆき」となり、賢治は「これが天上のアイスクリーム」となることを願います。

「永訣の朝」を含む『春と修羅』は宮沢賢治の生前に刊行された唯一の詩集ですが、宮沢家所蔵本には「手入れ」と呼ばれる修正があります。詩の最後の部分は、次のとおり、「天上のアイスクリーム」は「兜卒の天の食」となっています。

おまへがたべるこのふたわんのゆきに　　わたくしはいまこころからいのる
(初版本)　どうかこれが天上のアイスクリームになつて
(手入れ)　どうかこれが兜卒《とそつ》の天の食に変つて
(初版本)　おまへとみんなとに　聖《きよ》い資糧をもたらすやうに
(手入れ)　やがてはおまへとみんなとに　聖い資糧をもたらすことを
わたくしのすべてのさいはひをかけてねがふ

「兜卒天」は欲界にあり五感で食物を楽しむことができます。兜卒天は弥勒菩薩の住む世界であり、仏伝ではブッダが降誕前に住んでいた世界としても知られます。すなわち、将来地上に仏として降下する菩薩は兜卒天を住居にしています。いくつかの国語辞典では「資糧」を「資金と食糧」と説明していますが、これは仏教用語で福徳と智慧の蓄えという意味です。兜卒天の「説明を聞いてもよく分からなかった」とビブリア古書堂の五浦大輔が言うように、面倒な説明ですが、「四食」の思想は、この「触食」としての「生きる糧」がすべての人にもたらされ、意思や希望からなる「思食」として生きる望みとなり、五感を通して蓄積された「識食」を糧として次の生を受ける、「今度生まれてくるときは自分のことだけで苦しまないように生まれてくる」ことにつながります。

亡き人や今は離れた人も、心の中では愛しい人・支えてくれる人として、語りかけることはないでしょうか。通常、感覚器官を通じて外側に働く思考も、心の中に蓄えられた経験と記憶は内側に深く潜み、思考作用に強く働きかけ、影響を及ぼします。ウパニシャッドでは、睡眠時を解放された状態に、熟睡時を安静となった状態に譬えています。

インドの聖典は深い瞑想体験に裏付けられ、仏教の教義は心の深化を法として体系化していったのであり、その一端を「食」を通じて紹介した次第です。

【読書案内】

服部正明訳「ウパニシャッド」長尾雅人責任編集『バラモン教典・原始仏典』〔世界の名著1〕、中央公論社、一九六九年所収。

主要なウパニシャッドの部分訳五点を含む。

服部正明著『古代インドの神秘思想――初期ウパニシャッドの世界』講談社現代新書、一九七九年。講談社学術文庫、二〇〇五年として再刊。

初期ウパニシャッドの内容を知る好著。

片山一良訳「世起経」『長部(ディーガニカーヤ)』パーティカ篇I、大蔵出版、二〇〇五年。

パーリ語仏典の和訳は多いが、本訳を含む訳者の翻訳は、注釈書を丁寧に参照し、脚注・補注に加えている。『長部』全六冊・『中部』全六冊に続いて『相応部』全一〇冊の翻訳刊行が継続されている。

平田昌弘他「古・中期インド・アーリア文献「Veda文献」「Pali聖典」に基づいた南アジアの古代乳製品の再現と同定」『日本畜産学会報』第八四巻第二号、二〇一三年、一七五～一九〇頁。

帯広畜産大学・清里町・よつ葉乳業㈱の産学官連携による「酪」から「醍醐」までを再現する試み。古代インド、特に牛をめぐる文化に詳しいインド学者・西村直子がアドバイザーであり、「文・理」連携の成果としても注目される。

第二章　聖書は食べ物について何を教えているか

佐々木　啓

はじめに

キリスト教や聖書にかんして、私はすでに、北大文学部公開講座をもとにしたこの同じ北大の「文学研究科ライブラリ」の別の巻(『旅と交流』)に、ごく大雑把にですが、概説的なことを書きました。そして、その私の文章は、聖書全体の大まかな構成や内容について概略を示したものにもなっています。したがって、聖書と、さらにその私の文章「聖書と旅」(『旅と交流』三五～六一頁)も傍らに置いて本章を読み進めていただければ、さらに双方の理解の助けになるのではないかと思います。

さて、右に記した文章「聖書と旅」で、私は次のように書きました。キリスト教の「聖書、とりわけ旧約聖書には、およそ人間の生に関する話ならどんなものでも出てきます。日常の寝食の話から殺人や戦闘に至るまで、邪な出来事からこの上ない善良な行ないまで、聖書には人間の行為である限り何でも書かれている、と言っても過言ではありません」(同四二頁)。そういうわけですから、今回また、「食べ物」というテーマをめぐっても、聖書から、あるいは聖書について何か話をするのはそれほど難しくありません。

とはいえ、今回のテーマである「食べ物」にかんしては、「宗教書である聖書に記された「食べ物」の話など、キリスト教の教えにとってあまり本質的なことがらでないのではないか」といった質問も聞こえてきそうです。それに対する答えは、「「イエス」でもあり「ノー」でもある」、となるでしょうか。本章では、この多少奇をてらった答えを具体的に説明する作業を中心に議論を進めていこうと思います。

今回は、先の「聖書と旅」でのように聖書を最初から見ていくということではなく、新約聖書中の一文書である「使徒言行録」に記された物語から始めましょう。

……昼の十二時ごろである。彼(ペトロ)は空腹を覚え、何か食べたいと思った。人々が食事の準備をしているうちに、ペトロは我を忘れたようになり、天が開き、大きな布のような入れ物が、四隅でつるされて、地上に下りてくるのを見た。その中には、あらゆる獣、地を這うもの、空の鳥が入っていた。そして、「ペトロよ、身を起こし、屠って食べなさい」と言う声がした。しかし、ペトロは言った。「主よ、とんでもないことです。清くない物、汚れた物は何一つ食べたことがありません。」すると、また声が聞こえてきた。「神が清めた物を、清くないなどと、あなたは言ってはならない。」こういうことが三度あり、その入れ物は急に天に引き上げられた。（「使徒言行録」一〇章九～一五節。本章における聖書の引用は、原則として、日本聖書協会『聖書　新共同訳』による。ただし〔　〕内は佐々木による補い、以下の引用においても同じ）

これは、イエスの死後、使徒たちがキリストの教えを広め始めたごく初期の頃の出来事とされるものです。現代まで続くローマ教皇の初代とされる使徒ペトロが、異邦人（ユダヤ人＝ユダヤ教徒以外の人々、この場合はローマ人）に対する伝道活動に際して体験したという「幻」（「使徒言行録」一〇章一七節）の物語です。新約聖書の「使徒言行録」やパウロによって書かれたとされる「ローマの信徒への手紙」などの手紙によれば、初期のキリスト教徒たちが自分たちの教えを伝道するにあたり、いろいろ路線の対立があったようです。そういった対立のうち最大のものは、彼らの教えをユダヤ人という枠を越えて異邦人たちにも向け、そういった異邦人たちを同じ信仰の仲間として受け入れてもいいかどうか、ということでした。

この引用箇所の解釈自体が今回の主題ではないので、先を急いで結論だけ示すならば、このペトロが体験した「幻」の意味は、「清い動物」＝ユダヤ人に対しても、「汚れた動物」＝異邦人に対しても分け隔てなく彼らの教え、すなわち「福音」と言われるもの(イエスがキリスト＝救世主であるという救済のメッセージ)を伝えることが肝要である、ということになるでしょう(「けれども、神は私に、どんな人も清くない者とか、汚れている者とか言ってはならないと、お示しになりました」「使徒言行録」一〇章二八節)。

なによりも、この点こそ、キリスト教がユダヤ教から袂を分かった最大の分岐点、あるいはユダヤ教を母胎としながらキリスト教という新しい宗教が出現する出発点ということになります。すなわち、キリスト教は、ユダヤ人か否かといった民族的な区別なしに、福音、すなわち救済のメッセージは伝えられるべきだと考える宗教です。(ただし、「ユダヤ人」というのが、人種や通常の意味での民族でもないことに注意する必要があります。むしろ、この世のさまざまな人間的な区別や差別なしに、とでも言った方が適切かもしれません)。そのことは、今日でも、「ユダヤ人」というのは「ユダヤ教徒」ということとほぼ同義であるのに対して、「キリスト教徒」というのが「何々人」という垣根を越えて存在していることからも了解できるでしょう。

それはともかく、ごく初期のキリスト教徒たちにとって、神のメッセージを知る最も大切な手がかりは、ユダヤ人たちの聖書、ようするに旧約聖書だったわけです(「新約聖書」は早くとも四世紀になるまでは、まとまった形ではまだ存在していません)。そして、ここでの「清い動物」と「汚れた動物」というのも、その旧約聖書の記述と密接な関連があるのです。

もとより、そういった旧約聖書の示す世界(観)との結びつきをつぶさに見ていくことなしに、新約聖書を理解することはできません。ここで引用した「使徒言行録」のこの箇所も、実は、旧約聖書の一文書である「レビ記」の一一章などに記されている「食物禁忌」(英語では dietary taboo など)と呼ばれる規則集、すなわち、どんな動物が清くて食べることができ、どんな動物が汚れていて食べることができないか、を規定した食物に関する煩瑣な「律法(ユダヤ教における法律的、祭儀的および宗教・倫理的問題についての規則)」を下敷きにした話なわけです。(taboo(禁忌)というのは、南太平洋のポリネシアの言語に由来するもので(興味深いことに、この語はもともと「神聖な」という意味も「汚れた」という意味も表すようです)、特定の社会に属する人々の間に見られるさまざまな物や事柄にまつわる禁止を指す術語ですが、宗教的なことのみならず、いろいろな意味における禁じられた行為を指す用語として、今日では一般的にもよく知られている言葉でしょう)。

一　聖書における「食物禁忌」とその解釈

それでは、少し長くなりますが、はじめに、旧約聖書の「レビ記」においてその「食物禁忌」が記された箇所を見てみましょう。

主はモーセとアロンにこう仰せになった。

イスラエルの民に告げてこう言いなさい。
地上のあらゆる動物たちのうちで、あなたたちの食べてよい生き物は、ひづめが分かれていて、完全に割れており、しかも反すうするものである。従って反すうするだけか、あるいは、ひづめが分かれただけの生き物は食べてはならない。らくだは反すうするが、ひづめが分かれていないから、汚れたものである。岩狸は反すうするが、ひづめが分かれていないから、汚れたものである。野兎も反すうするが、ひづめが分かれていないから、汚れたものである。いのしし〔つまり豚〕はひづめが分かれ、完全に割れているが、全く反すうしないから、汚れたものである。これらの動物の肉を食べてはならない。死骸に触れてはならない。これらは汚れたものである。

水中の魚類のうち、ひれ、うろこのあるものは、海のものでも、川のものでもすべて食べてよい。しかしひれやうろこのないものは、海のものでも、川のものでも、水に群がるものでも、水の中の生き物はすべて汚らわしいものである。これらは汚らわしいものであり、その肉を食べてはならない。死骸は汚らわしいものとして扱え。水の中にいてひれやうろこのないものは、すべて汚らわしいものである。

鳥類のうちで、次のものは汚らわしいものとして扱え。食べてはならない。それらは汚らわしいものである。

禿鷲、ひげ鷲、黒禿鷲、鳶、隼の類、烏の類、鷲みみずく、小みみずく、虎ふずく、鷹の類、森ふくろう、魚みみずく、大このはずく、小きんめふくろう、このはずく、みさご、こうのとり、青鷺の類、やつがしら鳥、こうもり。

羽があり、四本の足で動き、群れを成す昆虫はすべて汚らわしいものである。ただし羽があり、四本の足で動き、群れを成すもののうちで、地面を跳躍するのに適した後ろ脚を持つものは食べてよい。すなわち、いなごの類、羽ながいなごの類、大いなごの類、小いなごの類は食べてよい。

しかし、これ以外で羽があり、四本の足をもち、群れを成す昆虫はすべて汚らわしいものである。

以下の場合にはあなたたちは汚れる。死骸に触れる者はすべて夕方まで汚れる。また死骸を持ち運ぶ者もすべて夕方まで汚れる。衣服は水洗いせよ。

ひづめはあるが、それが完全に割れていないか、あるいは反すうしない動物はすべて汚れたものである。それに触れる者もすべて汚れる。四本の足で歩くが、足の裏の膨らみで歩く野生の生き物はすべて汚れたものである。その死骸に触れる者も夕方まで汚れる。死骸を持ち運ぶ者は夕方まで汚れる。衣服は水洗いせよ。それらは汚れたものである。

地上を這う爬虫類は汚れている。もぐらねずみ、とびねずみ、とげ尾とかげの類、やもり、大とかげ、とかげ、くすりとかげ、カメレオン。以上は爬虫類の中で汚れたものであり、その死骸に触れる者はすべて夕方まで汚れる。（「レビ記」一一章一～三一節）

地上を這う爬虫類はすべて汚らわしいものである。食べてはならない。すなわち、腹で這うもの、四本ないし更に多くの足で歩くものなど、地上を這う爬虫類はすべて食べてはならない。汚らわしいものである。（同一一章四一～四二節）

ここに列挙された昆虫や多くの鳥類――一応いろいろに翻訳されていますが、聖書のヘブライ語での呼び名が果たして右の引用にあるような日本語の名前の鳥に正確に対応しているのか、といった点には問題があるようです――を食べる習慣がない日本人のわれわれにとって、このレビ記の「食物禁忌」のそれらにかんする部分については、あまりかかわりがないところかもしれません。しかし、「海のもの」や「川のもの」といった「水中の」ものに限ってはそうも言っておれなくて、この禁忌に従うならば、われわれの大好きなイカ、タコ、エビやカニなどの多くの鮨ネタを含むいろいろなものが食べられなくなります（現代のユダヤ人国家イスラエルでは、いわゆるシーフードピザも御法度となるようです）。

当然ながら、「このような「食物禁忌」、食べ物にかんする禁止規定などいったい何を意味するのか」という疑問が湧いてくることでしょう。そもそも、ユダヤ教徒・ユダヤ人でもなく、毒でも持っていない限り、「汚れて」いて食することを禁じられた食材などおよそ存在しない現代日本の食文化に慣れ親しんだわれわれにとって、こういった「食物禁忌」など、さしあたりまったく不可解なものでしかありません。

ただし、この「レビ記」の「食物禁忌」については、聖書の担い手であるキリスト教徒のみならず、こういった「食物禁忌」を含む「律法」を遵守することを大切にするユダヤ教徒たち自身も、古来その解釈に心を砕いてきたようです。

二　ユダヤ教における「食物禁忌」の解釈

そこでまず、現代的な視点からは甚だ奇妙なこの「食物禁忌」について、古代から今日まで行われてきたユダヤ教やキリスト教における解釈をいくつか紹介してみましょう。はじめは、ユダヤ教の例です。

聖書自体に含まれている文書ではありませんが、紀元前二世紀頃に、エジプトのアレクサンドリアにおいて、「律法」(この場合はヘブライ語聖書＝キリスト教の旧約聖書の一部の文書)のヘブライ語からギリシャ語への翻訳の経緯などについてあるユダヤ人によって書かれたとされる「アリステアスの手紙」という文書では、この「レビ記」の「食物禁忌」についてユダヤ人の大祭司エレアザルが次のように述べたと書いてあります。

……例として、〔食物禁忌の〕一、二をとりあげ、貴下に説明したいと思う。なぜなら、モーセが非常な注意を払ってこれらの律法をしるしたのが、「ねずみ」や「いたち」そのたぐいのもののためであるとのくだらぬ考えにおちいってはならないからである。そうではなくて、すべては聖なるおもいと人格の完成に資するよう、義のために厳粛にしるされているからである。なぜなら、われわれの食する鳥類は、どれも馴らしたもので、食餌として、穀粒、豆類をやり、すぐれて清潔である。鳩、雉鳩、「大いなご」、イワシャコ、鵞鳥、その他これに類するすべてがそうである。

しかし、禁制の鳥類については、野生で肉を食い、おのれのもつ力により他のものを苦しめ、前述の家禽を残酷に食用に供することを、貴下〔アリステアス〕はご存知であろう。そして、ただにこれらのみならず、小羊、小山羊をも荒らし、さらに人間までも、死者、生者の別なく、傷つけるのである。それゆえ、彼は「汚れたもの」とよぶことによって、自分たちのために律法を制定されている人々が、心から義をなし、おのれの力に頼って何人も苦しめず、何ものもけっして奪わず、正しいことに従って自分の生をみちびかねばならぬことのしるしとしたのである。ちょうど、前述の家禽が地に育つ種々の豆類を食らい、同類を苦しめて絶滅させることのないように、である。

……なぜなら、前述の動物には、それぞれの性状のゆえに、触れることさえふさわしいことではないとすれば、われわれも性質が同様の状態に堕落しないように、深く心を用いなくてよいであろうか。だからこそ、彼は、これらのものと他の動物についてわれわれに許されていることに関する規定をすべて、比喩法により説明されたのである。なぜなら、「ひづめの分かれたもの」と「爪の分かれたもの」は、正しいことのためにする行為一つ一つを識別するためのしるしなのである。なぜなら、身体全体の力とその活動力は腕と脚とにたよっているからである。それゆえ、これらを使って示すことにより、識別力をもって、義のためにすべてのことをなすべきことを強いているのである。

……なぜなら、「すべてひづめの分かれたもの」と「反すうするもの」は、思慮ある者に対し、賢明に記憶すべきことを示すからである。反すうするものは生命とその存続以外の何ごとも考えない。……すべての行動がおのれのつくられたことを憶え、なかんずく、神に対する畏れをもって、正しくなされねばならぬことを〔律法賦与者＝モーセは〕明示されたのである。……ただことばにおいてでなく、思いにおいても考え、寝る時も起きる時も、神のなされたみわざを思うことを命じられたのである。

……また、食物、飲みもの、触れるもの、それぞれについて規定することにより、決して無思慮に行動したり、耳を傾けてはならないこと、また真理の力を誤用して不義に傾かぬよう、命じられたのである。すべての野獣についてもまた、同様のことを見いだすことができる。なぜなら、「いたち」、「ねずみ」、列挙されている同種の動物の性格は有害だからである。ねずみはすべてのものを荒らしそこなう。ただかれらの食物のみでなく、こうして彼らがそこない始めたものはすべて、人間にまったくむだなものになってしまうのである。いたち族は奇妙なものである。上述したことのほかに、それを汚す特徴がある。なぜなら、耳ではらみ、口から生むからである〔当時の間違った考え〕。それゆえにまた、人間の同様の行為も不潔なのである。なぜなら、耳から受けたものをすべて口に言い表すことにより、ほかのものを悪の仲間にひき入れ、並外れた不潔な行為をひき起こし、おのれもともに不敬虔の汚れに汚されるからである。

……(「アリステアスの手紙」『聖書外典偽典3』五二～五五頁。傍点は佐々木による強調)

紀元前後に同じくアレクサンドリアで活躍したユダヤ人哲学者フィロン(紀元前二五／二〇年頃～紀元後四五／五〇年頃)は、「特別な律法について」(四・一〇五～一一五)という文書の中で、右に引用した「アリステアスの手紙」で展開されているような議論を繰り返しています。

フィロンによれば、「ひづめが割れている」というのは、選ぶべき善きものと避けるべき悪しきものとをきっちり区別できることの象徴であり、「反すうする」というのは、師から聞かされたたくさんの教えを十分咀嚼して自分の魂に刻印するための記憶の訓練の象徴なのだとされます。また、食べることの許されたひれとうろこのある魚というのは、果敢に敵に立ち向かうように善意と勇気をもって自らの道を切り開いていく忍耐や自制の象徴であり、食べることを禁じられたものは、(うろこやひれがないので)流れに抵抗できずに急流にのまれてしまうように快楽に溺れる者の象徴だとされます。さらに、腹をひきずってのたくりながら進む爬虫類は、(腹の重たい?)貪欲な欲望に身を任せる者を表しており、それに対して、「跳躍するのに適した後ろ脚」があって地上をはねるものというのは、高みへと向かう姿を表しているので祝福された清いものなのだと言います（「特別な律法について」四・一〇〇〜一〇八によるまとめ）。

キリスト教以前のユダヤ教の世界においてなされたこういった説明の仕方は、動物の形態や生活様式からの類推によって、宗教的な生活の仕方やある種の倫理を説く寓意《アレゴリー》（あるもので違うあるものを一対一対応で表す文学的技法）による解釈と言えます。

しかし、そういった寓意的解釈だけでなく、このフィロンはさらに、医学的あるいは衛生学的とも言うべき解説を加えています。

フィロンによれば、豚やうろこのない魚といったものの肉は、「最も美味で脂がのっており」、それらを食べることを禁じた（律法の賦与者であると見なされていた）モーセは、そういった動物の肉が「五感のうちの最も卑しい感覚」である味覚を虜にして大食を引き起こすことを知っていたからだと言います。そして、大食は魂にとっても身体にとっても矯正しがたい悪である、なぜなら大食は消化不良を引き起こし、消化不良はあらゆる病気や衰弱の原因だからだ、としています（同四・一〇〇）。

このような説明は、この「食物禁忌」が文字どおり守られるべき掟として有効なものであることをなんとか示そうとする努力のようにも思えます。

こういった一見もっともらしい（？）医学的あるいは衛生学的解説は、諸学に通じたマイモニデス（一一三五〜一二〇四年）という中世のユダヤ教のラビ（宗教的指導者・学者）によっても唱えられています。彼は、「律法がわれわれに食べることを禁じている食物はすべて、何か身体によくなかったり何らかの害を与えたりするのだ」と書いています(『迷える人々の為の導き』三・四八)。また、豚にかんしては、その肉を食べることが禁じられている「主な理由は、豚の習慣や食物が非常に汚く厭わしいという事情による」のだとしています(同)。

ユダヤ教の歴史の中で、右のようにも考えられてきた「律法」の「食物禁忌」ですが、ユダヤ教から生じてきたキリスト教においては、そのような「食物禁忌」をはじめ「律法」それ自体がユダヤ教における場合と同じようにとらえられてきたわけではありません(この点については、本章の結論部分も参照)。しかしながら、いずれにせよ自分たちの「聖書」の中に取り込んだヘブライ語聖書、すなわち旧約聖書に記されたこういった奇妙な掟の扱いについては、キリスト教徒たちも最初から拘っている様子がうかがえます。

三　キリスト教における「食物禁忌」の解釈

新約聖書(ユダヤ教にはない、いわばキリスト教独自の聖書)そのものに含まれているわけではありませんが、新約聖書に含まれているいくつかの文書と同時代かその若干後(紀元一世紀終わりから二世紀の前半)に書かれたと見なされている初期キリスト教の「使徒教父文書」と呼ばれる一群の文書があります。その「使徒教父文書」の中のひとつ、「バルナバの手紙」という文書では、旧約聖書に含まれるこの「食物禁忌」について、次のような解釈がなされています。

……この食べてはならないというのは神の誡命ではなく、モーセが霊的に語ったものである。ところで、豚をあげたのは、豚と同じような人々と交際してはいけない、(という)ためである。すなわちそれは、――たっぷり食べているときには豚は主人を忘れているが、飢えると叫び、(食物を)もらうとまた黙ってしまう、それと同じように――、物が豊富である時には主(神)を忘れ、窮乏にあるときには主を認める人々のことである。「鷲と鷹と鳶と鴉とを食べてはならない」。それは、労苦と汗とによって食物を得ることを知らず、不法な行為によって他人のものを奪い取り、(見たところ)無邪気そうに歩き廻りながら獲物をうかがい、誰を(自分の)貪欲さのゆえに剝がそうかと目を配っている、そういう人々と交際したり、同じになってはならないと言っているのである。これらの鳥も、そしてそれらだけは、自分自身で食物を得ることをせず、働かないで座ったまま、どうしたらほかのものの肉を食べることができようかと探し求めているのであって、それらはその邪悪さにおいて、疾病にとりつかれた存在である。「鰻とたこといかを食べてはならない」と言われている。それは、徹底的に不信心であって、すでに死に定められている人たちと交際して、彼らと同じになってはならない、ということである。これらの小魚も、そしてそれらだけは、呪いをうけて深みを泳いでおり、他のもののように浮上せず、深みにある下の方の土地に住んでいるのである。

しかしまた、「兎を食べてはならない」、ということである。それはなぜか。子供を犯すものとなったり、それと同じようになってはならない、というのは、兎は年毎に肛門の数をふやし、それらの生きている年数だけ穴を持っているからである〔?〕。しかしまた、「ハイエナを食べてはならない」。それは、姦通をするもの、堕胎をするものになってはならないし、そのようなものと同じようになってはならない、ということである。それはなぜか。それは、この生き物は毎年その性質をかえ、あるときは牡、あるときは牝になるからである〔?〕。しかしまた彼は正当にもいたちを嫌った。それは、口で不浄(な行為をすること)〔?〕によって不法を行なっていると私たちが耳にするような人になってはならないし、口で不法を行なう不浄な女たちと交際してはならない、ということである。というのは、この生き物は口で受胎するからである〔?〕。……モーセはまた、「すべての偶蹄類、反すう類を食べよと言っている」。彼は何を言っているのか。(これらの動物は)餌をもらうとき、餌を与えるもの(がだれであるか)を知っており、休むときには彼を喜んでいるように見える、と(言っているのである)。……主を恐れる人たち、心の中で、うけた言葉の特別の意味に思いを致す人たち、主の正しい命令を(他の人に向かって)語り、かつ守る人たち、熟考することがよろこびのわざであることを知って主の言葉を反すうする人たち、(このような人たち)と交際せよ、(と言っているのである)。それでは偶蹄類は何(を意味しているの)か。それは義人はこの世で歩んでおり、(同時に)聖なる世を待

望している、ということを(意味している)。(「バルナバの手紙」『使徒教父文書』四二〜四三頁)

この「バルナバの手紙」という文書は、いわばまだ形成途上の正統派キリスト教の教義・思想を表明していると見なされています。「バルナバ」というのは、使徒パウロの同労者(「使徒言行録」四・三六など)の名前ですが、学問的には、これが本当にバルナバによって書かれたものとは見なされていません。この文書は、先に記した時期にアレクサンドリアで書かれた、というのがほぼ定説ですが、なるほど、前節で取り上げた同じくアレクサンドリアのユダヤ教の思想家であるフィロンの議論などと並べてみると、それらにある種の連続性があることが見て取れます。

ただし、この「バルナバの手紙」では、食べてはいけないとされるさまざまな動物について、それらを文字どおりに守るべき掟というよりは、——「兎は年毎に肛門の数をふやし……」などと時折妙な動物観察が見られますが——人間の避けるべき行動の寓意として、先のユダヤ教側の比喩的解釈をさらに徹底し、推し進めているように見えます。「食べてはいけない動物」というのは、むしろ「為してはいけない非倫理的あるいは非信仰的行為」の寓意と(してのみ)解釈されています。(「この食べてはならないというのは神の誡命ではなく、モーセが霊的に語ったものである」というのは、そういう意味にもとれます。)

ユダヤ人たちは、それを文字どおりに受け取って、本来の倫理的・信仰的意味をとらえそこなっている、というのがこの「バルナバの手紙」の趣旨であり、その限りで、ユダヤ教に対するある種の批判、「食物禁忌」などを含む神の命令としての「律法」についてのユダヤ人たちの理解に対する批判となっているわけです。

もうひとり、やはりキリスト教正統派の成立する以前の三世紀の人ですが、場所がアレクサンドリアではなくローマの司祭であったノヴァティアヌス(二〇〇年頃〜二五八年頃)の著作の中にも、この「レビ記」の「食物禁忌」に関する解釈があります。右の「バルナバの手紙」に比べると、こちらは後の正統派キリスト教の教義により近いメッセージになっていると言えます。

まず、ノヴァティアヌスは、(この種の講義をしていると学生からもよく出る質問ですが)創造の際に「良しとされた」(「創世記」一章二一節など)動物たちの中になぜ「汚れた」ものがいるのか、という疑問に答えて、すべての動物を創造した神をそう言って批難するのはお門違いだと言います。「食物禁忌」の「律法」で「汚れた」動物たちにことよせて咎められているのは、本来理性的である人間に、その本性に反する非理性的な動物たちの性質が見られる場合のことであり、むしろ、こういった「食物禁忌」を通して、「自分たちが創造されたときの汚れのない本性に立ち戻ることを、動物によって教えられる」(*De cibis Iudaicis*『ユダヤ人の食物について』三・五)のだとされます。

そこで展開されるのは、やはりある種の寓意的解釈です。ノヴァティアヌスは次のように続けます。

反すうするものが清いとは、すなわち、彼らが食べ物のように神の教えを口にしていることである。ひづめが分かれているというのは、無垢な着実な足どりで人生の正しさともろもろの徳の道を踏んでいくということである。ひづめが二つに割れた動物たちの歩みはつねに溌剌としたものである。片方のひづめがすべりそうになっても、もう片方のひづめの確かさに支えられ、しっかりとした足どりが保てる。〔反すうすることとひづめが分かれていることの〕どちらも満たさず汚れている動物は、徳の道をしっかり歩んでおらず、反すうする動物のように神の教えの食物を咀嚼しない。〔反すうすることとひづめが分かれていることの〕一方しかないものは、それによって一方が弱められ、両方において完璧ではない。〔キリスト教〕信者のように両方具えているものは清いのである。ユダヤ教徒や異端者のように片方だけのものには欠点があり、〔それ以外の〕異教徒のようにどちらもないものは、そのことによって汚れているのである。かくして、律法によって、動物たちの中に人間の生のある種の鏡が据えられており、それに映して行為を考量するのである。本性に反して人間によって犯される悪徳は、そういったものが自然に具わっていても動物は罪にさだめられているのだから、よりいっそう断罪されるのである。魚にあっては、うろこの粗さが清さをなしているとされるのであるから、粗い、無骨な、飾らない、確固たる、重々しい生き方が人間においても称揚されるのである。他方、うろこのないものが汚れているのは、すべすべしたり、つるつるしたり、不誠実な柔弱な生き方が認められないからである。さらに、律法が、「らくだを食べてはならない」と言っているのは、動物を例にして醜い罪に曲がった生を断罪しているのでなければ、何を意味しているのか？ 律法が豚を食べることを禁じているのは？ それは間違いなく、不潔で汚れた、喜んで悪徳にまみれ、自らの善きものを魂の高貴さにではなく、ただ肉〔体〕にのみ捧げる生を批難しているのである。兎〔を食べてはいけないというの〕は？ 女に姿を変える男〔?〕を糾弾しているのである。いたちの体を食べる者はどうか？ むしろそれは、盗みを批難しているのである。とかげを食べる者は？ むしろそれは目的のない気まぐれな人生を卑しんでいるのである。いもりはどうか？ 精神的な汚れを呪っているのである。鷹や鳶や鷲を食べる者はどうか？ それはむしろ、暴力的な犯罪に生きる略奪者を卑しんでいるのである。猛禽類を食べる者はどうか？ それはむしろ、他の者の死によって得られるものを求めている者を呪っているのである。烏はどうか？ それはむしろ、狡猾さを呪っているのである。さらに、つばめを禁じているのは、放縦を断罪しているのである。ふくろうの場合は、真理の光から飛び去ってしまう者を卑しんでいるのである。白鳥を禁じているのは、高い首で高慢な者を咎めているのである。かもめの場合は、やかましくてしゃべりすぎる者を断罪しているのである。こうもりの場合は、誤りの闇を追い求める者を咎めているのである。律法が、動物におけるこれらのことやこの種のことどもを呪っているのは、動物におけるそれらが呪うに値するからというのではない。なぜなら、動物はそのように生まれついているからである。それらは、人間においては罪とされるべきものである。なぜなら、人間の場合は、自らの本性に反して、創造によるのではなく誤りによって、そのように

なるからである。（同三・七〜二四）

ここでは、ほぼ完全に「食物禁忌」が寓意化され、「食べてはいけない」といった否定的な形での行動規範というよりは、いわば倫理的・宗教的「教え」に変容しています。もはや、具体的な文字どおりの「食物禁忌」ではなくなっており、ユダヤ教からキリスト教へと、何が変わったのか、あるいは、ここで話題にしている「食物禁忌」をはじめとして、ユダヤ教の「律法」というものが、キリスト教においてはどのように扱われていくのかを暗示するものとなっています（この点は、本章の結論部も参照）。

それはともかく、以上のような解釈は、先に取り上げたユダヤ教のものであれキリスト教のものであれ、それぞれ一理あると思う人がいるかもしれませんが、今日の視点からすると、とりわけ科学的・学問的には、納得できるものではないように思えます。しかしながら、現代の神学者や聖書学者と呼ばれるような人々による「レビ記」の「食物禁忌」についての解釈も、ここまで見てきたような古代以来のユダヤ教徒やキリスト教徒たちによるものとそれほど変わるわけではありません。あるいはむしろ、こういった規則は、そこに一貫した原理など見いだしえない「不合理」で「恣意的」なものでしかない、宗教以前のなにやら原始的なものの残滓にすぎないといったように——しかしこれは、宗教にかんする、今日では学問的にあまり受け入れられない進化論的なとらえ方です——、ある意味でお手上げ状態のようにも見えます。

そこで、最後に、メアリ・ダグラスという二〇世紀の代表的な文化人類学者のひとりによる、私としてはある程度科学的・学問的に説得力があるように思われる、この「レビ記」の食物禁忌についての分析を見てみましょう。

四　メアリ・ダグラスによる「食物禁忌」の解釈

まず、メアリ・ダグラスは、『汚穢と禁忌』という著作の第三章「レビ記における「汚らわしいもの」」の中で、こういった「律法」の細かい規定を個々バラバラに見ているだけでは駄目だと言っています。彼女の言葉によれば、「食物禁忌」のみならず「レビ記」に記されているような一見すると奇妙な種々の規定も、より広く「律法」全般を視野に入れその「思考の全体的構造」において見た場合には、ある一貫した意味合いが浮かび上がってくるというのです。

ところで、旧約聖書の「レビ記」や「申命記」といった文書には、ここまで論じてきたような「食物禁忌」だけでなく、というよりもそれらにも増して奇妙な「律法」がいろいろあるのです。

あなたたちはわたしの掟を守りなさい。二種の家畜を交配させたり、一つの畑に二種の種を蒔いてはならない。また二種の糸で織った衣服を身に着けてはならない。（「レビ記」一九章一九節）

例えば、「動物と交わって身を汚してはならない。女性も動物に近づいて交わってはならない。これは、秩序を乱す行為である」(「レビ記」一八章二三節)といったような掟ならば、古今東西を問わず非人間的な厭わしい行為として、そういった行為が忌避されるのは、説明するまでもないことかもしれません。しかし、家畜の交配どころか、「一つの畑に二種の種を蒔いてはならない」とか、「二種の糸で織った衣服を身に着けてはならない」などというのは、なんとも奇妙な、意味不明で不合理な禁止規則にしか思えません。

こういった神の命令は、メアリ・ダグラスによれば、「レビ記」で繰り返される「あなたたちは聖なる者となりなさい。あなたたちの神、主であるわたしは聖なる者である」(同一九章二節など)という言葉と密接に結びついているとされます。

「聖なる」というヘブライ語「カドシュ(קָדוֹשׁ)」は、もともと「分離する・区別する」といった意味を表し、したがって、「聖なる」というのは、神の創造した世界の秩序、すなわちその「完全性」や「全体性」に基づいて、いわばきちんと「区別する」ことだと、メアリ・ダグラスは言いたいようです。

それゆえ、例えば、聖なるものとして生け贄に捧げられる動物たちには傷があってはならないのであり、さらに、次のように現代の視点からは差別的と言われてもしかたのない規定も出てくることになります。

あなたの子孫のうちで、障害のある者は、代々にわたって、神に食物をささげる務めをしてはならない。だれでも、障害のある者、すなわち、目や足の不自由な者、鼻に欠陥のある者、手足の不釣り合いの者、手足の折れた者、背中にこぶのある者、目が弱く欠陥のある者、できものや疥癬のある者、睾丸の潰れた者など、祭司アロンの子孫のうちで、以上の障害のある者はだれでも、主に燃やしてささげる献げ者の務めをしてはならない。（「レビ記」二一章一七～二一節）

今日、このような観点から人間の「完全性」や「全体性」を論じることはできません。しかし、こういった旧約聖書に現れている思考は、今から二千年以上も前に遡るものであることを考慮する必要があります。ある意味で単純な思考と言っていいと思いますが、旧約聖書のその他の（例えば皮膚の）「汚れ」の規定（「レビ記」一三章）が、きわめて外見的なことにかかずらわっているのもここからある程度うなずけるものとなるでしょう。神に創造された人間は、「完全」でなければ「聖」ではない（この場合は祭司になれない）ということです。現代の科学的・学問的な方法ならば、単なる外見（のみ）をもとに人間や動物を分類することなどとてもできないでしょう。

「完全性」や「全体性」という観念の追求は、次のようなやはり奇妙な規則として、いわば行動の「完全性」のようなものにも向けられているとメアリ・ダグラスは言います。

新しい家を建てて、まだ奉献式を済ませていない者はいないか。その人は家に帰りなさい。万一、戦死して、ほかの者が奉献式をするようなことにならないように。ぶどう畑を作り、まだ最初の収穫をしていない者はいないか。その人は家に帰りなさい。万一、戦死して、ほかの者が最初の収穫をするようなことにならないように。婚約しただけで、まだ結婚していない者はいないか。その人は家に帰りなさい。万一、戦死して、ほかの者が彼女と結婚するようなことにならないように。（「申命記」二〇章五節～七節）

これは、戦争に関する「律法」の文脈にあるのですが、メアリ・ダグラスは書いています。「戦いにおいて祝福と戦捷とをかち得るためには、人は肉体において完全でなければならず、精神において誠実でなければならず、未完成の計画を残したままであってはならないのである」（『汚穢と禁忌』一三八頁）。

「完全性」や「全体性」の追求は、「中途半端」や「矛盾」などを嫌う、という仕方でも展開しているようです。

さらに、先の「レビ記第十九章には、聖潔に反するもので右に述べた以外の行為があげられている。ここでは、混同ではなく秩序としての聖潔という観念が展開されているのだが、それは廉直と公正な行動とを聖《きよ》きものとし、矛盾と不正な行動とを聖潔に反するものとするのだ。盗み、嘘、虚偽の証言、衡量や尺度のごまかし、あらゆる種類の偽り――例えば、聾の悪口をいうこと(そしておそらく面と向かっては微笑みかけること)、心の中で兄弟を憎むこと(そしておそらくは優しい言葉をかけること)等々――といったものは、明らかに外観と実体との矛盾である」(同一四一頁)。

つまり、こういった、今日の観点からすると倫理的規則に見えるところのものも、ある種の形式的態度――「区別する」、「混同や混乱を避ける」、あるいは「矛盾を認めない」といった――の徹底なのではないか、というのがメアリ・ダグラスの議論の要点だと思われます。

したがって、旧約聖書において「聖なる」「清い」ものの逆として「汚れ」ているというのは、神が打ち立てた(と信じられた)世界の秩序を混乱させる行為とも言えるでしょう。先に記した獣姦の禁止も、今日的な観点から考えて非人間的あるいは反道徳的な行為であるというよりも、人と獣という神によって創られた区別＝秩序を混乱させる行為であるがゆえに「汚れ」ているのだ、とも考えられます。

例えば、神が創造した世界というのは、「創世記」の冒頭に記されているように、「大空」と「地」と「海」です(「創世記」一章)。それら三つの場所に典型的に見られる動物たちが「清い」ものであり、そうでないものが「汚れた」ものなのだ、とメアリ・ダグラスは言うのです。「天の蒼穹には二本の足をもった鳥が翼を広げて飛んでいる。水中にはウロコをもった魚がヒレを使って泳いでいる。地には四つ足の獣が跳び、走り、または歩いていく。これらの活動領域本来の運動能力を具えていないような動物の種族は、聖潔に反する(汚れている)のである」(『汚穢と禁忌』一四四頁)。

こういった、「律法」全体の禁止命令の構造という観点から見た場合、最初に引用した奇妙な食物禁忌にもある種の一貫した思考が見えてこないだろうか、というのがメアリ・ダグラスの指摘です。別の言い方で、彼女は、「ある種属の特徴を不完全にしか有していないもの、あるいはある種属そのものが世界の一般的な構造を混乱させるようなものは、不浄とされるのだ」（同頁）と書いています。

メアリ・ダグラスによれば、こういった考え方により、われわれ日本人が好む海中の甲殻類やイカやタコ、鰻などが不浄とされ、四つ足なのに空を飛ぶものは汚れているのであり、手であるべき（ように見える）前足を使って歩くイタチやネズミ、ワニやトガリネズミ、さらにトカゲやカメレオンなども汚れているとされるのだとなります。「ウナギやヒルの類いは水中に棲むがそれは魚ではない。爬虫類は乾いた土の上を進むがそれは四足獣ではない。昆虫には飛ぶものもあるがそれは鳥ではない」（同一四六頁）というわけです。

以上のような観点から、メアリ・ダグラスは豚のタブーに進み、次のように書いています。「第一に我々は、家畜類から――つまりイスラエル人の生活の糧であったウシ、ラクダ、ヒツジおよびヤギから出発すべきであろう。これらの動物と接触しても神殿に近づく前に清めの儀式を必要としないというかぎりにおいて、それら〔家畜〕は潔らかなものだった。家畜類は、彼等の住んでいた土地と同じく、神の祝福を受けていた」（同一四一頁）。そして、「蹄が分〔か〕れて反すうする有蹄類は、牧畜民にふさわしい食物の典型だったのであろう」（同一四二頁）と書いています。

ここから、(いつも口を動かしているので)反すうすると思われたがひづめの分かれていないウサギやイワダヌキが、ひづめは分かれているが反すうしないらくだや豚が、名指しで禁じられたのだろうとしています。「(反すうすることとひづめが割れていることが)旧約聖書でブタを禁じている唯一の理由であることに注目していただきたい。ブタが不潔できたないものを食う習慣があるといったことは、全然述べられていないのである」(同一四三頁)と言います。

メアリ・ダグラスは、このことを「この禁止令は事実から原理に遡って彼等の習慣を一般化したもの」(同頁)なのだとしますが、これを分かりやすく言い換えれば、もともと豚を家畜としていなかったユダヤ人たちは、自分たちの家畜の特徴(反すうと割れたひづめ)を「清い」動物と「汚れた」動物、可食と不可食を区別する一般規則に広げたのだ、ということでしょう。つまり、ある意味で、豚はいわばとばっちり的に、「汚れた」食べてはいけない動物とされたのだ、というわけです。

「レビ記」一一章では、こういったいわば(家畜と野生の)「境界線上」の動物を否定してから、先に引用したようにさまざまな動物についての禁忌が書かれています。

以上のような、神の創造した世界の秩序に基づく「完全性」や「全体性」といったものへの固執、そこから出てくるオブセッションともいうべき徹底した「区分け」や「分離」への志向(あるいは、逆に「混合」や「混同」の拒否)が、先に記したような、「二つの畑に二種の種を蒔いてはならない」とか、「二種の糸で織った衣服を身に着けてはならない」といったいっそう理解に苦しむ「律法」などにも通じているのだとメアリ・ダグラスは言いたいようです。ここでは、もはや「きちんと区別する」という、いわば形式的な行為それ自体が問題になっている（だけ）だとは言えないでしょうか。

こういった徹底した、あるいは極端なある種の志向が、（現在のユダヤ教にも見られる）あらゆる肉と乳製品の混合を禁じるというふうに拡大解釈された――これを忠実に守るなら、ソーセージをのせたピザや、チーズバーガーが食べられません――「あなたは子山羊をその母の乳で煮てはならない」（『出エジプト記』二三章一九節、三四章二六節、『申命記』一四章二一節）という、われわれから見るとなんとも奇妙な禁止規則の根底にもあるのかもしれません（先に引用したマイモニデスなどは、この禁止規則は、異教の儀式にそのような風習があったからだろうとしています『迷える人々の為の導き』三・四八）。

このような「混ぜることとの禁止」、「徹底した区別の厳守」などへといわば形式的に展開したのが「律法」だと考えてみると、旧約聖書のより歴史的な物語部分などにも、同じような「混合の拒否」や「分離の厳守」がもう一つの大きなテーマをめぐって繰り返されていることに気づきます。

その「大きなテーマ」というのは、ユダヤ人は、常に自分たちの敵とする周りの諸民族と混じりあうのを、神の信仰への反抗として自らに強く禁じていたということです。旧約聖書によれば、実際には、その禁がしばしば犯されて神の罰を受けたとはいえ、この他民族からの分離、自らをはっきりと彼らから区別することこそ、彼らユダヤ人・ユダヤ教徒の宗教の核心と言うべきものです。ユダヤ人の信仰は、自分たちのユダヤ人としての純潔＝純血を維持することと不可分とされているのです。

吉田敦彦という神話学者は、次のように書いています。「イスラエル〈ユダヤ人〉は……、異教を信奉する……異民族の間に、入り交じって生活しながら、その宗教的純潔を失わぬという、難題と見える課題を課せられた」(『神話と近親相姦』青工社、一九九七年、一一二頁)。つまり、「異民族との結婚は彼らの宗教の純潔を損なわぬためには、何としても避けねばならぬことであったが、他方他民族の間にあって、彼らと平和的に共存するためには、政治的には異民族との婚姻関係を締結する必要が痛感されたのである」(同)と言います(だから、ソロモン王は他民族の女性たちを含めて千人もの妻がいた?(「列王記上」一一章参照))。また、吉田は次のように結論づけます。「旧約聖書中の多くの説話は、この一方で宗教的原則としては〈ユダヤ人の間での〉族内婚による民族の純血の維持が要請されるが、他方実際生活においては〈ユダヤ人以外との〉外婚の必要が切実に痛感されるという、イスラエル民族〈ユダヤ人〉によって経験された二律背反をテーマとしている」(同一二〇頁)。

例えば、それは、「創世記」三八章のユダとタマルの物語であり、「師士記」一一章のエフタの娘の話であり、「ルツ記」のテーマでもあり、「ヨシュア記」六章エリコの陥落における遊女ラハブやエリコの人々の運命であり、「サムエル記下」一一章におけるダビデとバトシェバの関係なのです。

「これらの話の中で最終的にはけっして解消されることないこの根本的矛盾〈先の二律背反と言われる

もの〕は、種々の形で取り上げられ、それぞれの場合に何らかのしかたで部分的解決を与えられているのである」（同頁）。

この点をここではこれ以上立ち入って論じることはできませんが、右に記した観点に照らして、注意深くこれらの物語を読みなおしていただきたいと思います。そこでは、娼婦じみた行為や娼婦そのもの、あるいは人身御供のようなセンセーショナルな話が表面にあるので、そちらに気をとられがちですが、これらの物語においては、民族の純潔としての純血と混血の問題が扱われていることに気づくはずです。

先の吉田敦彦も依拠しているイギリスの人類学者エドマンド・リーチは、次のように書いています。「これらに共通する主題は、政治的野心を達成したあらゆる宗教的派閥が直面する苦悶であり、しかもユダヤ史の発端から今日にいたるまでとくに重要な意味をもってきた、一つの「矛盾」である。一方においては、宗派内結婚〔つまりユダヤ人どうしの結婚〕の実施が信仰の純粋性を維持するために不可欠な要素でありながら、他方においては、敵対する隣接異族との平和的関係を保たんとすれば異族結婚も政治的方便としていたしかたないという事情である」（『神話としての創世記』六二頁）。

これらをより形式的に言い換えれば、「混合の拒否」や「区別の厳守」となるでしょう。そして、厳格な「食物禁忌」のようなものは、日常的に、自分たちを他の人々（民族）から徹底的に区別し、しかも、他の人々（民族）がそれにかんしては何もしない、何もできない、という限りにおいて、自分たちの方が主導権を握っているかのように思えるのだ、とある学者は指摘しています。

「食物禁忌」や歴史的物語にかんするこの学問的・文化人類学的解釈が妥当かどうかという問題は別にしても、いずれにせよ、われわれには馴染みの薄いこういった細かい「律法」やそれを守るといった行為は、いったいいかなる宗教的意味を持つのかということを最後に若干考えてみたいと思います。

結論にかえて

最近、『聖書男』という興味深い本が翻訳されました。この本は、A・J・ジェイコブズという アメリカの雑誌編集者でライターでもある人物が書いた本です。このジェイコブズという人は、出自としてはユダヤ人ですが、彼自身の記述によると、「ニューヨークのおよそ信仰熱心でない家庭に育った」そうで、彼を「ユダヤ人というのは《オリーブガーデン》(全米に店舗のあるイタリア風の大衆レストラン・チェーン)をイタリアンレストランというのに等しい。つまり、名ばかりってこと」(二二頁)だそうです。そんな彼が、旧約聖書の該当部分だけで六一三あるとも言われる「律法」など、(新約聖書も含めて)聖書の掟をすべて実行して暮らそうとするとどうなるか、ということを一年にわたり自ら実践して、その生活を記録したのがこの『聖書男』というタイトルの本です。

例えば、先に言及した「二種の糸で織った衣服を身に着けてはならない」という禁止規定を厳密に守るために、服の繊維素材をチェックする「シャアトネズ（שעטנז〈ヘブライ語で「混紡」という意味〉）」と呼ばれる専門職が、現在のニューヨークのマンハッタンにも存在していて、その人物との生真面目ながらずいぶんと浮世離れした交友が報告されています。

また、食物をめぐる旧約聖書の「律法」には、ここまで論じたようなものだけではなく、やはり奇妙な、五年経たなければ植物の実を食べてはいけない（「レビ記」一九章二三〜二五節）といったような決まりがありますが、それを守るべく都会で奮闘した様が描かれています。

その辺の食品店に売っている果物が植えてから五年経った果樹から採られたか否かなど、店で尋ねてもとうてい分かるわけはないので、彼は途方にくれますが（そしてもちろん店員たちに煙たがられるわけですが）、サクランボは五年以上経たなければ実がならないので「律法」違反にはならないと考え、サクランボばかり食べるようにすることに決めます。

そのようにして、現代社会、しかもニューヨークのような大都会で、聖書の掟を守って生活することがいかに困難であるかを、おもしろおかしくレポートしているのです。

しかし、そういったいくぶん冗談めかしたとも言える体験ルポルタージュの本作りの中で、作者のジェイコブズは、単にふざけたりちゃかしたりしているだけとは言いがたい含蓄のあるコメントをいくつも記しています。それらのコメントは、熱狂的な宗教信者としてではなく、聖書やそこにあるさまざまな掟を、現代ではナンセンスなものといったん突き放した上で、あえてそれらを徹底して遵守しようという、いわばクールな試みであるだけに、この「宗教的な掟を徹底的に守る」といった行為がいったい人間にどのような作用を引き起こすか、ということを客観的に示しているように私には思えます。

ジェイコブズは、次のように書いています。「合理的に説明できない法規に従うなんて、考えただけで不愉快だ。理想をいえば、論理的な根拠に基づいて行動すべきだし、これまでそうしてきた」（六五頁）。これは、『聖書男』の著者ジェイコブズならずとも、文明化した、あるいは世俗化した今日の世界に生きる私たちに共通の信条ではないでしょうか。

しかし、そういった世界の中で逆に徹底的に、時に理不尽とも思える宗教的規則に従って暮らした著者には、いろいろな意味で新鮮な気づきとでも言える副産物があったようです。「ところが、聖書に従って生きるとなると、そうはいかない。頭を切り替える必要がある」（同頁）。

なかでも、徹底的に「律法」に従おうとするような「聖書的生き方の多くが、絶対に忘れないための工夫だと気づいた」（一五九頁）という著者のコメントに私は惹かれました。なぜなら、このシンプルな発言は、先の「レビ記」の「食物禁忌」を文化人類学的、すなわち学問的に分析したメアリ・ダグラスの結論と見事に符合するからです。彼女は書いています。

「食用に供してはならないとされた動物についてここで試みた解釈が正しいとすれば、食物の規範は、いたるところで神の統一性、清浄性および完全性の瞑想に人々をいざなう徴証《しるし》のようなものであっただろう。動物と接触するたびに、また食事のたびごとに、禁止の規則によって聖性は具体的な表現を与えられたのである」（『汚穢と禁忌』一四七〜一四八頁）。

これは、「学問的」で多少難しい表現を用いていますが、ようするに、先に論じたような「食物禁忌」は、「聖なる」神のことを「絶対に忘れないための工夫」なのだ、と言っているのと同じでしょう。つまり、ジェイコブズのユーモアあふれる体験談は、期せずして、メアリ・ダグラスの学術的な分析に傍証を与えている、と言えると思います。

さて、ここまでの議論をふまえて、最後に述べておかなければならないことがあります。まず再確認したいのは、本章で主に論じてきた旧約聖書における「食物禁忌」の「律法」は、現代でもそれを厳格に守る人々がいるユダヤ教という宗教における問題だということです。

この「律法」は、ユダヤ教徒にとっては「聖書」そのものである旧約聖書にそもそも基づくものです。そういった奇妙とも思える「律法」が記された旧約聖書は、もちろんキリスト教の聖書の一部でもあるわけですが、今日、そのような「食物禁忌」などの「律法」をこと細かに守る態度は、一部を除いて大多数のキリスト教徒のものではありません。むしろ、そういった煩雑な「律法」を守ることに腐心し拘泥する態度を、キリスト教の方では、「律法主義」と言って批判してきたわけです。

このように、「律法」と呼ばれるものが記された同じ「旧約聖書」を共通の聖書としながら、「律法」そのものに対する態度の根本的な相違こそ、実は、ユダヤ教とキリスト教が袂を分かつもうひとつの大きなポイントと言えます。右にまとめたように、こういった「律法」がたとえ神を忘れないための徹底的な「工夫」だったとして、六日間の創造ののち神が七日目に休息した顰《ひそみ》に倣って、安息日には主要な労働を休止せよという掟のもと、命を救うための行為を行うことの是非まで議論するようなある種のユダヤ教のあり方は、どこか本末転倒の観が否めないのではないでしょうか。われわれが、なぜそのように感じるのかという理由を考えてみるならば、キリスト教がなぜ生じてきたのかということにかんしても、何ごとか思い至るふしがあるのではないでしょうか。

そのあたりの経緯が、例えば、新約聖書においてイエスの言動を記したとされる「福音書」などに書かれているわけですが、それについての詳細は、本章のテーマを超えていますので、またの機会に詳しくお話しすることにして、今回はここで筆をおくことといたします。

【読書案内】


日本聖書協会『聖書 新共同訳』一九八七年。

日本聖書学研究所編『聖書外典偽典 3 旧約偽典I』教文館、一九七五年。

荒井献編『使徒教父文書』講談社文芸文庫、一九九八年(一九七四年)。

メアリ・ダグラス、塚本利明訳『汚穢と禁忌』ちくま学芸文庫、二〇〇九年(思潮社、一九九五年)。

エドマンド・リーチ、江河徹訳『神話としての創世記』紀伊國屋書店、一九八〇年。

アーノルド・J・ジェイコブズ、阪田由美子訳『聖書男』阪急コミュニケーションズ、二〇一一年。

(フィロン、マイモニデス、ノヴァティアヌスの引用は私訳による。)

第三章　ペルシア宮廷のワインとシャーベット

守川知子

はじめに

今回は、前近代のペルシア宮廷の食文化として、タイトルにもありますように、ワインとシャーベットを取り上げたいと思います。

みなさんは、ワインがどこで生まれたかご存知ですか？

ワインの原料となるぶどうは、西アジアのカスピ海沿岸やコーカサス地方(今のアルメニア、グルジア、アゼルバイジャンのあたり)が原産です。そして紀元前八千年頃に、特にコーカサスでワインは誕生し、その後、紀元前六千年頃にはイラン高原に入り、メソポタミアやエジプト、地中海方面へ伝わったとされます。

コーカサスの南、最も早くにワインが伝わったペルシア(イラン)では、非常に古くからワインが飲まれてきました。ペルシア語には、「ぶどう酒」を意味する語がいくつかあります。メイ(mey)、バーデ(bāde)、シャラーブ(sharāb)、「ぶどうの娘」、「ぶどうの水」などです。他にも樽や盃は、間接的にワインを指しています。またぶどうそのものを指す語も非常にたくさんあり、ぶどうやワインが身近なものであったことがわかります。

一方のシャーベットですが、どうしてワインとシャーベットが関係あるのか、と思われるかもしれませんね。「シャーベット」という語は、アラビア語から来ています。アラビア語ではこれをシャルバト(sharbat)と発音します。ワインはアラビア語でシャラーブ(sharāb)と言います。「シャルバト」と「シャラーブ」、似ていませんか? そう、どちらも同じ語がもとになっています。

では、アラビア語でのシャーベットの「シャルバト」と、ワインを表す「シャラーブ」は、どういう語根から来ているのでしょうか。アラビア語では主に、三つの子音からなる語根で動詞を表します。シャルバトとシャラーブの子音は、**ShRB** です。両者に共通する動詞、それは〈飲む〉という動作です。つまり、シャルバトもシャラーブも、もともとは〈飲む〉ことから来ているのです。アラビア語本来のシャルバトは「ひと口飲むこと」ですし、シャラーブはワインに限らず、「飲みもの」全般を指します。ですが、ペルシア語に入ると、シャルバトは冷菓・氷菓・氷水などに限定されるようになり、シャラーブはもっぱらワインを指すようになりました。すなわち、ひと口軽くのどをうるおす程度に〈飲む〉ものは〈シャーベット〉。そしてペルシアの人々にとって〈飲みもの〉といえば、それはまさしく〈ワイン〉なのだ、ということです。

これほどまでにワインを愛し、シャーベットを堪能するペルシアの文化を少しのぞいていきましょう。

一　ペルシア文化のなかのワイン

ワイン誕生物語――ペルシア文学作品『ノウルーズの書』より

一一世紀末頃のペルシア語の文学作品『ノウルーズ(新春)の書』に現れる「ワイン発見譚」から見ていきましょう。この書は、ペルシアの元日(「ノウルーズ(新しい日)」と呼ばれ、春分の日にあたります)、すなわち新春の日に取りそろえるべき縁起物について、いにしえの王たちの伝統儀礼に則って説明したものです。ペルシアのお正月であるノウルーズの日に王の御前にそろえるべき縁起物は、黄金(金貨)、大麦、剣、弓矢、筆、馬、鷹、ワイン、美形の若者となっています。これらの縁起物が選ばれる理由は、黄金は鉱物の王様、大麦は植物の王様、馬は四足動物の王様、鷹は鳥の王様など、いずれもそれぞれの分野の〈王様〉だからです。

縁起物の由来を説いたこの書物のなかに、ワインが発見された経緯が述べられています。この話はワインを賛美したペルシアの詩人オマル・ハイヤームに帰されており、現在でもほとんどのイラン人が知っている非常に有名な話です。

【ワイン誕生物語】

昔むかし、ペルシアに一人の王さまがいました。新春のある日のこと、王さまが腰かけて外を眺めていると、一羽の鳥が蛇に巻きつかれ、今にも嚙み殺されそうになっていました。王さまは、「あの蛇を矢で射殺せる者はいるか」と聞きました。一人が名乗りを上げ、蛇を矢で射殺しました。鳥は助かり、飛び去っていきました。

翌年の同じ頃、王さまが外を眺めていると、一羽の鳥がやってきて、種のようなものを地面に落としていきました。王さまは、「あれは去年助けてやった鳥だ。何かお返しに持ってきたのだろう。行って見てまいれ」と言いました。みなでその種を見ましたが、誰もそれが何の種かわかりません。王さまは、「庭の片隅に蒔いてみよ」と命じました。

しばらくすると、その種からみずみずしい茎が伸びてきました。茎はぐんぐん成長し、立派な樹になりました。手のひらのような大きな葉っぱは青々としています。秋になると葉は落ちて、実がなりました。はじめは緑色だったその実はしばらくすると、黒玉のように艶のある色になりました。これがこの樹の熟した果実だということはわかりました。でも誰も食べようとする者はいません。ぶどうを見たのはみな初めてでしたし、それが毒か薬かわからなかったからです。そこでその実を樽の中に入れ、エキスを抽出することにしました。

ある日、庭師が樽の中を見ると、果汁はまるで沸騰しているかのようにぐつぐつと泡立っていました。しばらくすると沸騰は収まり、真紅のルビー色をした、透き通ったきれいな果汁ができていました。でもまだそれが毒か薬かわかりません。そこで王さまは一人の囚人にそれを飲ませることにしました。

囚人は一杯目を飲み、顔をしかめます。二杯目を要求し、それを飲み干すと、ひとり楽しげに踊り始めました。そして三杯目を飲み干すと、そのまま眠ってしまいました。翌朝、王さまは囚人にたずねます。「昨日、飲んだのはどのようなものか？」

彼は答えます。「何か知りませんが、美味しいものでした。今日もまた、あれが飲めたらいいのになあ。一杯目は苦くてよくわかりませんでした。二杯目を飲むと、この世の憂さはすべて忘れてしまいました。王さまも私も同じに思えました。三杯目を飲み干すと、心地よい眠りに落ちました。」

そこで王さまたちは、この飲み物がとてもすばらしいものだということを知ったのです。囚人もまたその罪を赦されました。こうして世界中に、このすばらしき飲み物、ワインが広まったのでした。

このお話は、登場人物などにいくつかのヴァージョンがありますが、「ペルシアの王と霊鳥の恩返し」という大まかなあらすじは同じです。一一世紀にこんな話があるということは、それだけ当時のペルシアの人々にとってワインが身近であったということですよね。

ペルシアの〈ワイン〉のいろは

いにしえのペルシアの王さまのもとで「発見」されたワインの効用はさまざまに語られています。先ほどの『ノウルーズの書』ではワインのすばらしさについて、ガレノス、ソクラテス、ヒッポクラテス、イブン・スィーナーといったギリシアやイスラーム時代の医学者らの名をあげて伝えます。主に伝えたいことはただひとつ、「人の体にとって、ワイン以上に益あるものはない」。

彼らによると、ワインの特性は、「気鬱を取り去り、心を楽にさせ、体を太らせ、濃厚な食べ物を消化し、顔色を良くし、皮膚に張りをだして艶良くさせる。理解力や記憶力を鋭敏にする。吝嗇家を気前よく、臆病者を勇敢にする」と記されており、さらに人々はワインのことを、「男の試金石」、「理性を試すもの」、「徳を計るもの」、「悲しみを洗い流すもの」、「悲嘆を喜びに変えるもの」と呼んできたと言います。なかなか含蓄のある言葉が並びますね。

そして、「混じりけのないぶどう酒を五杯飲むと、誰しも自らのうちにある良い面や悪い面が現れ、本質を露わにする。知らない人と親しくなり、友人に対しては友情を深める。これこそは酒の美点のひとつである。また世の中にある食べ物はすべて、脂っぽい、甘い、美味しい、酸っぱいなど、いちど満腹になるとそれ以上は食べられず、たくさん食べるとうんざりして嫌悪の情がわき起こる。だがぶどう酒はいくら飲んでももっと飲め、人はそれで満腹にはならず、いやになることもない。それは、ぶどう酒がすべての食べ物の王様だからである」と、ワインを手放しで褒め称えています。先ほども言いましたように、『ノウルーズの書』は、〈王様シリーズの縁起物〉を集めたものです。ワインが〈食べ物の王様〉とは、驚くべき世界です。

ワインのお話はまだまだ続きます。先の「誕生物語」の前には、いろいろな種類のワインが載っています。

赤ワイン、白ワイン、赤と白を混ぜたもの（ロゼ）、新酒（ヌーヴォー）、古酒、太陽に育まれたワインなどなど。このなかでも基本は赤ワインです。もっともぶどう酒以外に、ナツメヤシ酒やバジル酒、干しぶどう酒（ブランデー）などもありますが、やはりペルシア語で〈酒〉といえば〈ぶどう酒〉のようでして、その種類も多く、ワインはやはり飲み物の王様なのだとわかります。

そして、これらのワインの特徴やワインごとに合う「つけあわせ」も記されています。例えば、赤ワインは濃厚なので、基礎熱を増やして体を強壮にする反面、熱質の人には適さず、飲むときは水やバラ水と混ぜるよう指南されています。また新酒の場合は、血液や湿度（粘液）を増すため湿質の人には適さず、乾燥肉や乾物、乾燥果物《ドライフルーツ》をともに摂るように、と言われています。いろいろな種類のワイン各々に、ギリシア医学由来の四元素や〈熱・冷・乾・湿〉を由来とした特質があり、〈熱〉の場合は〈冷〉にあたる水で中和させ、〈湿〉の場合は〈乾〉で中和させるべく、つけあわせも決まっていたのです。

「知性ある者は、ぶどう酒の美味しさがその弊害に勝るような飲み方をしなければならない。そうすれば間違いを犯すことはない。すなわち、自分自身を律することによって、酒の飲み始めから終わりまで、言動において不作法や不快さも生ぜしめず、ただ上品に心地よく過ごす、ということだ。そのような域に達すれば、酒を飲むにふさわしい」とのことです。同じ時代の別のペルシア語の書物でも、神からアダムに授けられたぶどうを盗んだイブリース（悪魔）は、ぶどうに放尿をしため、ぶどうの一部は発酵して酒となり、「酒を飲む者はみな、最初は猿のように楽しみ陽気になり、しばらくすると犬のように叫び、もうひと時もするとライオンのようにわめきだすのである」（トゥースィー著『被造物の驚異と万物の珍奇』より）と言われています。

「酒は飲んでも飲まれるな」と、日本と同じようなことがすでに一一世紀の段階で言われています。酒好きにはなかなか耳の痛い話ですね。

これまで見てきたように、ペルシア世界では、とても古くからワインが飲まれてきました。ワインを愛飲する文化は、イスラームが入ってきてからも廃れることはありません。イラン高原やアナトリアなど乾燥地帯の西アジアや中央アジアでは、君主のみならず、さまざまな時代の人々がワインを愛飲しています。

ワインを称えたペルシア詩人たち

ペルシアとワインの深い関係をもう少し見ていきましょう。

ワインを賛美したイスラーム時代のペルシア詩人はたくさんいます。オマル・ハイヤーム、ハーフェズ、サーディー、ルーダキー……。あげるとキリがありません。ここでは、先ほどの『ノウルーズの書』の著者としても伝えられるオマル・ハイヤームと、ペルシア詩人の最高峰として名高い一四世紀のハーフェズを取り上げましょう。

オマル・ハイヤームの詩は、現世のはかなさを嘆く無常観にあふれていますが、一方でワインを賛美し、現世の喜びや美しさを認める享楽的な側面もあります。彼の代表作である四行詩集『ルバイヤート』の小川亮作氏の名訳から引用します。

酒をのめ、土の下には友もなく、またつれもない
眠るばかりで、そこに一滴の酒もない
気をつけて、気をつけて、この秘密　人には言うな
——チューリップひとたび萎めば開かない

＊＊＊

身の内に酒がなくては生きておれぬ
葡萄酒なくては身の重さにも堪えられぬ
酒姫《サーキー》がもう一杯と差し出す瞬間の
われは奴隷だ、それが忘れられぬ

＊＊＊

新春《ノウルーズ》　雲はチューリップの面に涙
さあ、早く盃《さかずき》に酒をついでのまぬか
いま君の目をたのします青草が
明日はまた君のなきがらからも生えるさ

＊＊＊

酒をのめ、それこそ永遠の命だ
また青春の唯一の効果《しるし》だ
花と酒、君も浮かれる春の季節に
たのしめ一瞬《ひととき》を、それこそ真の人生だ！

厭世詩人、虚無主義者とも言われるオマル・ハイヤームの詩は、はかない現世を伝えながらもワインの話で満ちあふれています。なお、詩に出てくる「酒姫」は、ペルシア語で「サーキー」と言い、「酌をする人」を指します。小川氏の訳では女性ですが、原語は男女ともに用いられます。文学作品等を見ていると、サーキーは若い美少年の場合もよくありますので、ペルシアでは若い美男美女である彼らを愛でながらお酒を楽しんでいたようですね。

古来、日本人は桜の樹の下に眠ることを望みますが、ペルシアではぶどうの樹の下に眠ることを望みました。ぶどうの葉はみずみずしいですし、何と言ってもぶどうからは果実、果汁、酢がとれるだけでなく、お酒にもなります。とかくワインを称えたハイヤームなどは、棺はぶどうの樹で作り、浄めの湯灌はぶどう酒で、もちろん墓はぶどうの樹の下で、墓にはぶどう酒を注いでくれ、と言っています。ハイヤームから最後に一句あげましょう。

墓の中から酒の香が立ちのぼるほど
そして墓場へやって来る酒のみがあっても
その香に酔い痴れて倒れるほど
ああ、そんなにも酒をのみたいもの！

さてハーフェズ(一三八九年頃没)は、ゲーテに影響を与えたことでも有名なペルシア詩人です。抒情詩にすぐれ、現代イランの新聞では「今日のハーフェズ」のコーナーが設けられるほど広く愛されています。シーラーズというイラン南部の町がハーフェズの故郷であり、文化・文芸の都として知られています。代表的な詩を黒柳恒男氏の訳で見てみましょう。

かのシーラーズの乙女がわが心を受けるなら
その黒きほくろに代えて私は授ける、サマルカンドもブハーラーも

酌人《サーキー》よ、残りの酒を酌め、天国にても求めえぬのは
　ルクナバードの流れの岸とムサッラーの花園〔いずれもシーラーズの景勝地〕
ああ、都を騒がす陽気で優美な歌姫たちは
　トルコ人が食盆を奪うが如く、わが心から忍耐を奪った
恋人の美にわれらの欠けた愛は要らぬ
　麗しい面に脂粉やほくろ、描き眉が要ろうか
日に増すヨセフ〔預言者。美男子の代名詞〕の美から、私は知る
　愛が貞淑の帳からズライハー〔美女の名〕を誘い出すと
罵られ、呪われても、私は祝福を捧げよう
　苦い応えは甘く紅の唇にこそふさわしい
好き人よ、忠告に耳を傾けよ、生命にもまして
　幸運な若人たちが愛するは老いた賢者の金言
楽師や酒について語り、運命の秘密を探るな
　この謎は知性では解けず、解いた者はない
ハーフェズよ、そなたは抒情詩を作り、白珠を綴った、さあ、楽しく歌え
　そなたの詩に大空は昴星の頸飾りを撒き散らす

ハーフェズの詩では、〈酒〉や〈美男美女〉や〈愛〉が称えられます。これらを字義どおりに解釈するか、あるいはイスラーム的、神秘主義的にとらえ、「愛」は「神への愛」で、「酒」もまた「神への愛に陶酔すること」のたとえや象徴だとする解釈もなされています。解釈の多様性ゆえにハーフェズの詩はとても難解ですが、彼の詩は、「神（もしくは美しいもの）への愛」を賛美したものが多く、美男美女、赤ワイン、バラの花などで彩られ、これらをちりばめた美しい言葉で飾られます。

ハーフェズには、ほかにも「酌人《サーキー》の賦」という題の詩があり、「来たれ酌人《サーキー》、陶酔をもたらし恵みをふやし円満をもたらすかの酒を　私に注いでくれ」で始まり、古代のペルシアの王たちを謳いあげながら、次のような詩句で終わります。

酒をくれ、幸運の顔を見よ　私を酔いつぶし、知性の宝を見よ
私が酒杯を手にとれば　その鏡の中で世のすべてを見る
酔えば私は王者のようになり　乞食の身ながら王権を誇る
酔えば神秘の真珠に孔を通せる　無我の境地では秘密は隠されない
ハーフェズが酔って歌う時　天から金星が彼に調べを奏でよう

二　ペルシアの甘味とスイーツ

ついついワインの話が多くなりました。話しているこちらも酔ってしまいそうなので、甘党の方のためにペルシアのお菓子についてもお話ししましょう。

ペルシアの冷菓《シャーベット》・焼き菓子

ペルシアでのシャーベットの歴史は古いと思われますが、あまり確かなことは言えません。ただ、紀元前四〇〇年頃には、「ヤフチャール(氷室)」と呼ばれる氷室があったことが知られています。ペルシアの氷室や貯水場は、円錐形、またはドーム状に日干し煉瓦を積み上げて造られています。気候が乾燥しているので、煉瓦の屋根を設けてさらに南側に壁を築くなど、水分が太陽にあたって蒸発するのを防ぐ構造になっています。ここに冬の間に雨水や雪を溜め、夏に冷たい水や氷を提供します。

この氷室の氷に、果汁やシロップをかけるのがペルシアのスイーツの主流です。でんぷん粉を使った「ファールーデ」と呼ばれるまさにシャーベットのような冷菓は、一一世紀の史料でも確認できるペルシアの代表的な甘い清涼飲料です。こんにちでも、暑い夏の盛りに食べるシロップがけのファールーデや氷水は格別です。

焼き菓子としては、小麦粉を使用したものが多く、油で揚げたドーナツや堅パン、ビスケット、練り粉のお菓子が一〇世紀頃の宮廷料理に関する史料から確認できます。そして、これらの焼き菓子や揚げ菓子は、砂糖やはちみつを中に入れたり、上にまぶしたりしています。トッピングには砂糖の他に、アーモンドなどのナッツ類も使われます。ちなみに、こんにちのトルコの代表的なお菓子である「バクラヴァ」が史料から確認できるのは、一六世紀初頭のペルシアでのことで、後にあげる宮廷レシピ本の中に作り方とともに見られます。バクラヴァは、何層もの生地の間にナッツや砂糖をはさみこんだパイのようなお菓子で、おそらくは一〇〜一一世紀頃からあったと思われますが、この名称になったのは一六世紀頃のようです。今のトルコのバクラヴァは、それはそれは甘いお菓子となっています。ペルシアにもまた、たくさんの甘いお菓子がありますよ。

伝統的な甘味料——ドライフルーツ、はちみつ、砂糖

ペルシアでは、甘味としては乾燥させたくだものが重宝されてきました。干しぶどう（ここでもぶどうが活躍します）やナツメヤシに加えて、イチジク、マルメロ、アンズなどがドライフルーツとして用いられます。ほかにも、はちみつは当然大切ですし、シャリントウやギョリュウといった樹木から採れる甘露（マンナ）も重要です。このように基本的に、糖分はくだものから摂ります。

ちなみにこれらの甘味料についても、先ほどのワインと同じように、〈熱・冷・乾・湿〉に基づいた健康法が知られています。その意味で、ワインのみならず、はちみつやナツメヤシ、乾燥イチジ

クといった甘味もすべてある種の〈薬膳〉と考えられていたことがわかります。ギリシア医学に依拠しつつ、西アジアの産物をさらに取り込み、〈食べ合わせ〉に注意しながらむかしの人々は生活していたのでしょう。甘いものも酸っぱいものも、そのさじ加減が大事であり、むやみやたらに摂取してはいけないと彼らは知っていたのです。

もうひとつ、甘味料として重要な砂糖についてもお話ししましょう。ペルシアは古来、砂糖の産地でもありました。紀元前一世紀頃に北インドで精製されるようになった砂糖は、サーサーン朝期(二二六〜六五一年)にお隣のペルシアに伝わり、ペルシア南部でサトウキビから砂糖が作られるようになりました。このように、ペルシアの砂糖生産の歴史はこれまた古いのですが、ここで大事なことは、中世期には砂糖はいまだ高価であり、はちみつの方が一般に広く使われていたという点です。一〇世紀から一二世紀頃に多く書かれたアラビア語やペルシア語の医学書や本草書では、砂糖は主に、滋養強壮もしくは咳止めの〈薬〉として用いられていました。西アジアでの砂糖の歴史や文化については、佐藤次高氏の本に詳しいので、ぜひそちらをご覧ください。

砂糖にまつわるちょっとした知識として、英語のシュガー(sugar)もキャンディ(candy)も、もとはインドのサンスクリット語からペルシア語を経て英語に入ったということをお伝えしておきたいと思います。この経路は、インドでサトウキビから砂糖が採れるようになり、ペルシアを経て西方へ伝播した経路とまさに同じです。

サンスクリット語	→	ペルシア語	→	アラビア語	→	英語
sharkarā	→	shekar	→	sukkar	→	sugar
kanda (khānda)	→	kand/qand	→	qand	→	candy

私たちはつい、いろいろなものがヨーロッパ発祥であると考えがちですが、ワインにせよ砂糖にせよ、アジアから生まれたものが世界各地に伝わったということを改めて述べておきたいと思います。

三　近世のペルシア宮廷の食文化

時代を下りまして、一六～一七世紀に栄えたサファヴィー朝（一五〇一～一七三六年）の宮廷文化について見ていきましょう。サファヴィー朝は、サファヴィー教団という名の神秘主義教団から誕生した王朝です。成立時に、シーア派を国教に掲げたことにより、隣国のスンナ派であったオスマン朝と激しく争うようになります。成立当初のサファヴィー朝の支持母体は遊牧部族民でした。ですので、シーア派イスラームを擁したといえども、戦勝時に敵将の頭蓋骨でワインを飲むなど、かなり過激な逸話が残っています。

「ペルシア人の飲み物」

サファヴィー朝はシーア派を普及させるために厳しい戒律を敷いたと言われていますが、こと飲酒に関しては事情が異なります。サファヴィー朝の宮廷でもワインはしばしば飲まれました。第五代目のシャー・アッバース(在位一五八八～一六二九年)という王さまは、イラン高原のちょうど中央部に位置するイスファハーンに都を置き、その旧市街の南方に、王宮や大広場や大モスクやバーザールを新たに建設します。この時代はインドやヨーロッパとの交易も盛んになり、各地から使節や商人がペルシアを訪れました。シャー・アッバースのもと、ペルシアは繁栄をきわめ、首都のイスファハーンは、「イスファハーンは世界の半分」とまで謳われるようになります。

一六六〇～七〇年代に、ペルシアに通算七年半滞在したフランス商人のシャルダンが、非常に興味深くて詳細な『ペルシア見聞記』(岡田直次氏訳)を残していますので、そのなかから「ペルシア人の甘味飲料・アルコール飲料」の箇所を見てみましょう。

> 一般にペルシアでは水とコーヒーしか飲まない。飲物としてのご馳走はソルベ(果汁砂糖入り氷水)と果実や花入りの水である。彼らはレモン・黒イチゴ・桜桃・柘榴のソルベを上手につくる。春先にでた柳の新芽でつくる褐色柳水をおおく用い、病人とくに熱病患者に望むがままにあたえ、またその他にも似たような水をすきなだけあたえるが、これほど気を爽快にする飲物はない。彼らはまた水で割ったバラ水をのむ。ペルシアのバラ水はなかなか美味しくてわ

れわれの所のように薬物の味がしないのは、われわれのと違って水ぬきで蒸留してあるからか、またバラの質によるのであろう。これはオリエント各地に輸出され、インドへは何艘もの船の荷がすべてバラ水である。

ここでの〈ソルベ〉は、アラビア語の「シャルバト(シャーベット)」が地中海経由で入ったものです。シャルダンは〈ソルベ〉の本来の意は、「混合の飲物」だと言っていますが、原文注にもあるように、果汁や砂糖の入った甘くて冷たい水をペルシアでは〈シャルバト〉と呼んでいました。乾燥地帯では必須の飲み物であるこの果汁砂糖入りの氷水こそは、外国人の目から見ても、「ペルシアの飲み物」のトップバッターにあがる伝統的で代表的な飲み物だったということです。今のフランスやイタリアでは〈ソルベ〉は主にシャーベットを指すようですが、いずれにせよ、甘くておいしいものは何であれ、国境を越えて伝わるのですね。

さて、いよいよワインの話です。シャルダンの続きを見てみましょう。

ぶどう酒と酔いをもたらす飲物はイスラム教徒に禁じられているとはいえ、なんらかのアルコール飲料をのまない人はほとんどいない。宮廷人・騎士・放蕩者はぶどう酒をのみ、彼らはいずれもが退屈をしのぐ薬として、ある者は眠るため、ある者は体を暖め愉快になるためにのむ。(中略)

飲酒を許されている人がひとりもいない土地、例えばペルシアにおける異教徒たるキリスト教徒・ユダヤ教徒・拝火教徒が住んでいない所を別にすれば、ペルシアじゅうでぶどう酒がつくられている。人びとに多少の酒造の心得がある所ならどこでも上等のぶどう酒をつくる。今いったように、イスラムの戒律によれば飲酒は禁じられている。これを大目に見るかどうかは君主のご機嫌、地方太守の気まぐれか強欲によるのであって、それが酒造法をしっかり覚えたり、酒造本来の器具を揃えたりできない理由である。最上酒はグルジア・アルメニア・メディア・東部ヒルカニアの各地方、町としてはシーラーズとカラマニー地方の首邑ヤズドでできる。

シャルダンの記述を見ると、ペルシアの国じゅうでワインが飲まれていることがわかります。サファヴィー朝下のペルシアには、ムスリム(イスラーム教徒)だけでなく、ユダヤ教徒やゾロアスター教徒、アルメニア系のキリスト教徒らがあちこちに暮らしていました。首都イスファハーンにも、これらの人々が暮らしており、特にアルメニア人の居住区であった「新ジョルファー街区」には広大なぶどう庭園があり、ワインづくりが盛んに行われ、ワイン酒場もたくさんあったと言われています。

もっとも、サファヴィー朝期ともなると、イスラームの戒律が一般にも広く浸透するようになっていますので、敬虔なムスリムは酒場には近づきませんでしたし、ときに厳格な王さまもいて、戦争やら何やらで願掛けをするようなときには「禁酒令」を発布しました。禁酒令が発布されると、町じゅうの酒樽が集められ、王宮前の大広場で樽が割られます。あるときなど、ポロ競技ができるほどに広いこの広場全体が、割られたワイン樽のために血のように真っ赤に染まったと言われています。いったい当時のイスファハーンには、どれほどのワインが溜めこまれていたのでしょうね、と私はそちらの方に驚いてしまいます。

ミニアチュールに見る宮廷文化

当時のペルシアで有名なものに細密画《ミニアチュール》があります。細密画は宮廷のアトリエで作られることが多かったので、細密画からは宮廷生活がよくわかります。王や小姓たちのブロマイドのようなものもたくさん描かれています。それらを見ますと、赤い液体の入ったグラスを手にしている姿や、宴のシーンでは赤い液体の入ったガラス瓶が多いことに気づきます。イスファハーンの王宮内にある有名なチェヘル・ソトゥーン(四十柱)宮殿の壁画には、シャー・アッバース二世(在位一六四二～六六年)が隣国の藩主を歓待する宴席の場面(図3-1)が描かれていますが、麗しい女性の踊り子たちが舞い楽器が演奏されるなか、卓布の上に置かれているのは、ザクロなどのくだものと「赤い液体」の入ったガラス瓶です。グラスや瓶に入ったこの「赤い液体」は、説明するまでもありませんね。これらはもちろん、赤ワインです。同宮殿内にはさまざまなフレスコ画がありますが、その多くは、若い美男美女が赤ワインのグラスを傾けてクッションにしなだれかかったり、やわらかな笑みをうかべて語らったりしています(図3-2)。

図 3-1　チェヘル・ソトゥーン宮殿内のフレスコ画

図 3-2　同上

これらの艶めかしい絵を見ますと、彼らはあまりしっかりと食事をとらずに、むしろくだものを食べ、ピスタチオやアーモンドといったナッツをつまみに、ひたすら赤ワインを飲んでいたことがわかります。シャルダンは、宮廷の宴席では音楽や踊りとともに、十何種類ものくだものやナッツのお皿が並び、赤ワインが供され、何通りにも調理された肉や魚が運ばれ、そしてシャーベット《ソルベ》が出てきて、といった宴の前半が終わるまでに三～四時間かかり、その後スープやシチューやポロウ(コメ料理)が出されるのですが、これらを食べるのにはたった三〇分しかかけないのだ、と言っています。オスマン朝の細密画と比べても、サファヴィー朝期のものにはあまり料理が描かれることはありません。ペルシア宮廷の食文化には、何よりもワインと、つまみとなるくだものやナッツ、そしてシャーベットが欠かせないということでしょう。

四　辛党から甘党へ――ワインに代わるものとしての砂糖

ワインはペルシアで古来愛されてきましたが、近世になり、事情が異なるようになりました。ひとつは、飲酒への風当たりが強くなってきたこと、また、コーヒーやタバコなど、ワインに代わる嗜好品が入ってくるようになったことがその変化の大きな理由です。

サファヴィー朝期の宮廷レシピ

一六世紀初頭および同世期末の宮廷料理人のレシピ本が二冊、現存しています。どちらも二〇〇種類近くのレシピが載っており、それらを大きく分けると、①スープ、②コメ料理・粥、③肉料理（フリカッセ、焼き肉、炙り肉、ひき肉）と魚料理（焼き魚）、④つけあわせ（ヨーグルトの入ったものや酢漬け）、⑤デザート（焼き菓子・甘菓子・冷菓）となります。

スープ、肉、つけあわせ、デザート、というこの順番、なんだか見覚えがありますね。そう、「フルコース」の組み合わせです。フルコースというとフランス料理などが有名ですが、フルコースの文化は西アジアから地中海を経てヨーロッパに入ったと言われています。イスラーム時代の初期の王朝がお手本としたのは、日本の飛鳥・奈良時代と同じ頃のペルシアのサーサーン朝です。ワインのみならず、フルコースの文化も、本家はこれまた西アジア、特にペルシアにあったということです。

さて、ペルシア版フルコースを見ていくと、肉料理にせよ、コメ料理にせよ、非常に多種多様な薬味や香味が使われています。ハーブ、シナモン、サフラン、塩、レモン水、酢、バラ水といったものが主なものですが、その他にもコショウ、ナツメグ、麝香、生姜、丁子《クローヴ》、カルダモンなど枚挙にいとまがありません。東西交易で栄えたサファヴィー朝宮廷ですので、さすがにサーサーン朝期とは異なり、レシピの種類や香料の使用が圧倒的に増えています。加えて、コメ食および砂糖の使用が増えているのも大きな特徴です。

まずコメ食から簡単に見ていきますと、一六世紀初頭のレシピ本には、五八種類のスープ、六七種類の肉料理に並んで、四二種類のコメ料理(ポロウ)と九種類の粥のレシピがあげられています。なお、ポロウはピラフのことで、油で炒めたご飯です。焼いた串焼き肉のケバーブがのった、黄色のサフラン・ライスが有名ですね。一方の一六世紀末のレシピ本では、コメ料理の種類もさまざまで、「かためのコメ料理《ポロウ》」、「コメ料理《ポロウ》」、「酸っぱい味付けのコメ料理《ポロウ》」、「甘い味付けのコメ料理《ポロウ》」、「コメ粥」、「牛乳入りコメ粥」という分類が見られます。

庶民はナンと呼ばれる薄い釜焼きパンを主食としますが(ナンは、インド・カレーについてくるあのパンです)、一六世紀のこれらの宮廷料理本からは、宮廷では贅沢品である米をこれだけ大量に消費していたことがわかります。小麦の方が圧倒的に安価ですので、庶民の食事にはナンが欠かせません。現在でもパンの値段は政府によって抑えられているほどです。ですが今見たように、近世ペルシアの宮廷料理は、お米をふんだんに使ったこの贅沢なポロウにこそ、その特徴があったということでしょう。

舶来の砂糖

サファヴィー朝でもうひとつ重要なことは、砂糖の輸入が大きく増えたということです。先にも触れましたが、ペルシアの伝統的な甘味料は、干しぶどうやナツメヤシといったくだもの(特にドライフルーツ)や、はちみつ、甘露などです。もちろんサトウキビもあり、砂糖も作られていましたが、まだまだ高価なものでした。ですが、一六世紀以降はオランダ東インド会社などの進出により、台湾やジャワから砂糖がたくさんもたらされます。ペルシアは、砂糖やコーヒー、お茶、インドの綿製品などを輸入し、代わりに生糸や絨毯、バラ水などを輸出していました。このなかで、綿製品や銀と並ぶ主要な輸入品に砂糖があります。大量の砂糖が供されることにより、まず宮廷での砂糖の消費が格段に増えていきます。

先のレシピ本から、砂糖の使用を見てみましょう。ただ、レシピ本には目次にはある「お菓子」の項目が消失しているので、宮廷で実際にどのようなお菓子が作られていたのかは、残念ながらあまりわかりません。ですが、砂糖は何もお菓子だけに使われたのではありません。

先ほどのコメ料理のなかにも、「甘い味付けのコメ料理」というのがありますが、一一種類あげられたレシピのなかで、ぶどうのシロップなどを入れるもの以外の九点はすべて砂糖で味付けされています。またお粥の方は、牛乳が入っていてもいなくても、合わせて二〇点のうち、実に一四点に砂糖が投入されています。ここでの砂糖は、明らかに料理に加える「調味料」として使用されています。

江戸時代に長崎経由で砂糖が入り広まった日本の場合と同じように、ペルシアでの砂糖の摂取量はどんどん増えていきます。一九世紀末になると、ご飯に砂糖を入れるのは、もはや珍しくありません。一九世紀の上流階級のレシピには、その名も「砂糖飯(shekar-polow)」なるものが現れます。

君主の祝祭用料理

サファヴィー朝期の宮廷料理人のレシピのなかに、「君主の祝祭日には必ず作られる」コメ料理が載っています。料理の名前は「宝石をちりばめたポロウ」とでも訳せましょうか。

〈調　理　法〉

①　上等で柔らかい肉を細かくし、水につけた後、油脂で熱を加え、肉汁を取る。必要なだけタマネギを加え、たくさんの香料を投じる。

②　薄く伸ばした麺生地の片面を焼き、その上に①の焼いたつみれ肉を間隔をあけて載せる。ナツメヤシ、イチジク、バーベリー、干しぶどう、アーモンド、栗、エンドウ豆、レンズ豆を炒め、ピスタチオなどと一緒に飾りつける。肉汁を少し上から注ぐ。

③　コメを肉汁で炊き、ふきんで水気を絞り、その汁を②の生地の上にかける。

④　一時間後、六キロのコメを三キロの油で揚げ、火が通ったらコメを引き上げる。底が焦げないようにすべし。引き上げるときに苦労するようでは料理人として失格である。

⑤　ポロウの上に、②の具をきれいに盛りつける。具のなかの甘いものや粉ものなど同じものは隣り合わせにはしないように。

⑥　大きめの肉団子のなかにゆで卵を入れて煮る。火が通ったら半分に切って、卵の黄身がよく見えるようにポロウの上に盛りつける。炒めたクルミをトッピングしてできあがり。

残念ながらこの料理には砂糖が使われていませんが、さすが祝祭料理ということで、大量のコメやドライフルーツやナッツ類が使われています。ゆで卵なども使用しているので、彩りもさぞきれいなことでしょう。このレシピに沿って作ったとき、いったいどのような料理ができあがるのか正直心もとないのですが、あとはみなさんにお任せします。ぜひ一度作ってみてください。

砂糖の用途あれこれ

近世のペルシアでの砂糖消費は、先にも述べましたように、オランダ東インド会社からのジャワ産砂糖の輸入の増加とともに、高級品でありながらも、宮中では大量に使われるようになります。アルコールの代わりに甘いものが発展するのが一七世紀の特徴です。最後に、近世以降の砂糖の用途をいくつかあげていきましょう。

第一には、伝統的な〈薬種〉としての用途があります。一七世紀の医学書でも、砂糖は薬膳として咳やのどに効き目があると述べられています。第二に、古来使われてきたはちみつの代わりにシャーベットやソルベにかけたり、料理の調味料として用いられます。特に、宮廷料理においては、砂糖はそれまでとは比較にならないほど、頻繁に用いられるようになります。先のレシピ本での砂糖使用の割合を見ると、二〇〇例近くがあがるなか、一六世紀初頭には一七％程度だったものが、同世紀の末で四〇％に上昇します。はちみつの使用例は、わずか三例、しかもそのうちの二例は、

図3-3　(部分)

砂糖があればそちらを使用するよう指示されています。すなわち、それまでは酢や酸味のある果汁とはちみつを合わせた〈酢蜜〉が多く用いられていましたが、砂糖が安価になるにつれ、砂糖と酢を混ぜた〈甘酢〉へと変わっていくのです。この時期、砂糖は完全にはちみつに取って代わり、調味料としてメインの地位を占めるようになったのです。

そして最後にもうひとつ、甘い砂糖のあま〜い使いみちがこの時代から見られるようになります。それは、結婚式でのお祝い品としての砂糖菓子です。サファヴィー朝期の細密画を見ますと、結婚式を描いたシーンで花婿の前に置かれた白い三角錐の「モノ」が目に入ります(図3-3)。この真っ白なものこそは、砂糖のかたまりです。三角錐の形をしているのは、砂糖を精製・抽出する際に用いる器具に由来しているのでしょう。この三角錐型の純白の砂糖のかたまりは、一九世紀に入っても結婚の際に用いられることが写真や絵画から確認できますし、

図 3-3　16 世紀中葉のペルシアのミニアチュール

出典）S. Welch, *Persian Painting*, New York, 1996, p. 112.

一九世紀の場合は、花婿が花嫁に向けて贈る結納品のひとつに、この「かたまり砂糖」が必須の品としてあげられています。現在でも、結婚式の際にはライス・シャワーのように、小さな金平糖のような砂糖菓子が花嫁にまかれ、参列者たちにも配られます。これこそはペルシアでの、砂糖の甘い歴史のゴールと言えるかもしれません。

おわりに

数千年ものワインの歴史を有するペルシア。現在は、イスラームの法が厳しく、アルコールを手に入れたり飲んだりすることは至難の業ですが、アルコールの代わりに、シロップがけのシャーベットや冷菓・氷水は今も健在です。この伝統的なシャーベットに並び、ペルシアにはご当地スイーツとして、とっても甘いお菓子が各地にたくさんあります。

最後に、ペルシアで古来、ワインで最も有名だった町、シーラーズに触れておきましょう。ハーフェズらに称えられ、先ほどのシャルダンの記述のなかにも「最上のワインの町」として出てきましたね。シーラーズの近くには世界遺産のペルセポリス宮殿(アケメネス朝の王都のひとつ)の遺跡があり、温暖な気候と、バラとワインと美女(／美少年)で有名です。このシーラーズの名を冠した赤ワイン〈Shiraz〉がありますので、一度お試しいただければと思います。イランがお酒に寛容だった時代の名残です。

かつてのペルシア宮廷の栄華や寛容性をしのびながら、今宵(かつてのペルシアでは朝や昼間からですが）、一杯傾けるのもいいのではないでしょうか。もっとも、「酒は飲んでも、飲まれるな」。古今東西で語られている金言も忘れてはいけませんよ。

【読書案内】


伝ウマル・ハイヤーム著、守川知子・稲葉穣訳注『ノウルーズの書』京都大学人文科学研究所、二〇一一年。

オマル・ハイヤーム作、小川亮作訳『ルバイヤート』岩波文庫、一九四九年。

ハーフィズ作、黒柳恒男訳『ハーフィズ詩集』平凡社東洋文庫、一九七六年。

J・シャルダン著、岡田直次訳注『ペルシア見聞記』平凡社東洋文庫、一九九七年。

佐藤次高『砂糖のイスラーム生活史』岩波書店、二〇〇八年。

デイヴィッド・ブロー著、角敦子訳『アッバース大王――現代イランの基礎を築いた苛烈なるシャー』中央公論社、二〇一二年。

杉田英明『葡萄樹の見える回廊』岩波書店、二〇〇二年。

第四章　中世・近世ヨーロッパの食文化

――旅人の食卓から

山本文彦

はじめに――旅行記について

一五世紀から一八世紀にヨーロッパ各地を旅行した旅人たちが書き残した旅行記を使い、この時代のヨーロッパの食卓を垣間見ることによって、中世・近世ヨーロッパの食文化を歴史学の立場から考えてみたいと思います。

今回扱う時代のヨーロッパの旅行記の中で、日本語で読めるものとして、時代順に次の四冊を紹介したいと思います。中部イタリア出身で教会で書記を務めたことが知られているパオロ・サントニーノ(生没年不詳)が、司教の随行員兼秘書として三回にわたって東アルプス地方を旅行した際に残した旅日記『中世東アルプス旅日記　一四八五・一四八六・一四八七』(舟田詠子訳、筑摩書房、一九八七年)、ドイツの有名な画家であるデューラー(一四七一～一五二八年)が、ライン川を船で下ってネーデルラントを旅した『アルブレヒト・デューラー　ネーデルラント旅日記一五二〇―一五二一』（前川誠郎訳、朝日新聞社、一九九六年）、『エセー』の著者として有名なモンテーニュ（一五三三～九二年）が、一五八〇～八一年にスイス、ドイツを経てイタリアを旅したときの『モンテーニュ旅日記』（関根秀雄・斉藤広信訳、白水社、一九九二年）、ゲーテ（一七四九～一八三二年）が一七八六～八八年にイタリアを旅したときの『イタリア紀行』（相良守峯訳、岩波文庫、一九六〇年）。この四冊は、一五世紀末、一六世紀および一八世紀後半の旅の記録になります。これ以外にも手元にあるいくつかの旅行記および食文化に関する書物を用いて、この時代の食文化を見ていくことにしましょう。

本題に入る前に、この時代の旅行記について一言触れておきたいと思います。一六～一八世紀のヨーロッパは、「旅」関係書籍の刊行ブームとも言える時代でした。さまざまな旅行記をはじめ、旅行案内書や地図などが数多く刊行されました。その中でも特に人気を博したのは、新大陸やアジアへの旅行記でした。旅行記専門の作家も現れており、その人気ぶりをうかがい知ることができます。このような旅行記は、読むと非常におもしろいのですが、しかしその取り扱いは慎重にしなければなりません。今の私たちもそうですが、旅の記録を記すとき、自分の習慣とは異なるもの、自分が普段目にしないもの、あるいは食べたことがないものなどを好んで記す傾向があります。現地の人には普通のことでも、旅人には奇異に映るものが多くあると思います。そのため旅行記の中で述べられている旅人の判断が必ずしも正しいとは限りません。この時代の旅人もおそらく同じ傾向を持っていたと考えられますし、あるいは珍しいものを今以上に強調する傾向にあったかもしれません。そのため旅行記を扱う際には、こうした傾向を念頭に置くとともに、書き手の出身地とその身分、職業や学歴、同行した人や旅の目的なども一緒に考えながら読む必要があると思われます。

それでは次に、旅人の食卓を見る前に、この当時の旅の様子を特に宿泊と食事を中心に簡潔にまとめておきたいと思います。

一　旅人はどんなふうに旅をしたのか

ヨーロッパでは、一一世紀半ば以降から気候が温暖化し、一二世紀以降急速に商工業および農業が発展しました。この気候の温暖化は地球規模の現象であり、日本でも同じ頃に同様なことが起きています。鎌倉時代がそれにあたり、農業および商工業が発展するとともに、いわゆる鎌倉仏教をはじめ文化的な発展も見られた時代でした。ヨーロッパでは商工業の発展とともに、市壁と呼ばれる高い壁で囲まれた中世都市が各地に誕生しました。また農村では農地の開墾が進み、耕地面積が拡大し収穫量が増え、社会全体の人口も増加しました。この時期はいわば好景気だったわけですが、このことは経済面のみならず、政治や文化においてもさまざまな変化をもたらしました。しかし気候は一四世紀初め以降徐々に不順で冷涼な気候に変わり、特に一六〜一八世紀は寒い時代を迎えることになります。

一二世紀頃に起きたこのような変化は、旅のスタイルを変えることにもなりました。一二世紀頃までは、いわゆる宿屋(有料で宿泊する場所)というものはまだなく、旅人たちは、知り合いの家あるいは紹介を受けた家に宿泊するか、修道院や施療院などの特殊な施設に宿泊するか、あるいは野宿するかでした。移動する人の数が少なかったり、あるいは移動する人が一部に限定された状態であれば、このような宿泊状況でも特に問題はなかったかもしれません。しかし一二世紀以降特に商工業の発展とともに、移動する人々の数は格段に多くなりました。そのような旅人の状況の変化とともに、有料で宿泊することができる宿屋が、一二〜一三世紀頃に誕生したと考えられています。このことは移動する人々が増え、宿泊業が商売として成り立つようになったことを意味しています。宿屋の多くは居酒屋から発展したものでしたが、やがて最初から宿屋として営業する形態が生まれたと考えられています。宿屋にはいろいろな種類があり、またさまざまな法的な規制もありました。この宿屋の話だけで十分に一回分の講座のテーマになりますので、ここではこれ以上触れないことにしたいと思いますが、この当時の宿屋の実態の一端を示すものとして、ベッドとトイレについて簡単に触れておきたいと思います。この当時のベッドは、複数の人々が同衾することが普通でした。ベッドの大きさにもよりますが、二〜六人ほどが同じベッドに寝ていたようです。ベッドの上で雑魚寝するという感じでしょうか。次にトイレですが、宿屋に限らず中世ヨーロッパでは、基本的に室内にトイレという空間はありません。中庭にあればよい方で、たいていは簡易式の便器を利用していました。夜暗い中で中庭のトイレに行くのは危険でもあり、旅人たちは室内で簡易式の便器を利用するか、あるいはそれがない場合、いくつかの旅行記にも出てくる話ですが、暖炉を便器の代わりとしていたようです。

それでは次に、旅人はどこで食事をしていたのでしょうか。旅人が個人の家に宿泊した場合は、その家で食事も提供されると考えられますので、ここでは宿屋に宿泊した場合について見てみることにしましょう。旅行記を残した旅人の多くは、それなりの身分や名声を得ている者が多く、彼らの場合、滞在地の貴族や司教あるいは市長などからの接待を受けることが多くあったようです。例えば、デューラーの旅行記を読みますと、彼は同時代において画家として名声を得ていますので、各地でご招待にあずかります。その際、同行していた家族や従者も一緒に招かれるときもありましたが、時にはデューラーだけが招待され、その他の者たちは宿屋に残されるときがありました。その際彼らは食材を購入して宿屋で自炊していることが分かります。ちなみにデューラーはその招待への返礼として、招待主の肖像画などを書いて渡しています。招待されない場合には、先ほど述べたように宿で自炊することもあれば、食事を提供する宿であれば、そこで食事をするか、あるいは食材や金銭を渡して作らせることもしていました。モンテーニュも旅行記の中で、宿屋にはたいていの場合、料理ができる男か女が一人はいると記していますので、このやり方は一六世紀では広く行われていたのかもしれません。また、宿の近くに居酒屋など飲食できる場所がある場合には、そこに出かけて食事をしていました。

このように旅人にも利用された居酒屋は、宿屋の原型でもあるわけですが、ヨーロッパではやはり一一～一二世紀以降に誕生したものと考えられています。ここで言う居酒屋とは、金銭を受け取って酒などを提供する場を指しますが、同じようなものは古代ギリシアから存在していました。古代ローマでは「タベルナ」と呼ばれていましたが、おおむね下層の人々が利用する場と認識されていました。一般の人々は、自宅に客を招いて接待するのが一般的であり、居酒屋に集まるのは、そのようなことを行えない人々だったわけです。この居酒屋は、ヨーロッパでは一一世紀以前の自給自足の自然経済の中では存在していなかったと考えられています。先ほど述べましたが、一二世紀以降にヨーロッパに都市が誕生し始めますと、その中に居酒屋が生まれ、やがて村にもできるようになりました。村の居酒屋は、だいたいは裕福な農民が経営し、農民の憩いの場でもあり、村の祭りや冠婚葬祭には欠かせないものでした。都市の居酒屋は、宿泊施設を兼ねるものや食事も提供する居酒屋の他に、酒だけを提供する居酒屋などさまざまな種類がありました。酒専門の居酒屋の場合、さらに細かくビール居酒屋やワイン居酒屋など、提供する酒の種類で分かれていることもありました。このような都市の居酒屋は、一八世紀にいたるまで、基本的には下層民の人々が行く場所であり、売春や犯罪などと結びつきやすい場所でもありました。そのため商人専用のギルド居酒屋、学生居酒屋、名士居酒屋というように、職業や階層で分かれた居酒屋もありました。都市では居酒屋の他に、今で言う総菜屋あるいは焼き肉屋もあったようで、特にパリではこの種の店がたくさんあり、一日中食べるものには事欠かないという記述が旅行記にも見られます。

食事の回数については、旅行記を見る限りでは、確かなことは分かりません。多いパターンとしては、朝食はごく簡単にすますかあるいは食べないことが多く、例えば、モンテーニュは朝食をほとんどとっていません。食べる場合でも、質素な食事で強いお酒を少量飲むこともあり、これにより気分が良くなると記しています。しかしモンテーニュの場合、健康を気づかって朝食をとらないとところどころで書いていますので、一般化するのは危険かもしれません。お昼は一日で最も重要な食事で、正餐に相当していたようです。時間としては今とだいたい同じです。この後、午後四時頃に軽食をとる習慣があり、その後は夕食を六時過ぎにとることが多く、これは比較的軽めだったようです。その後夜食と称する食事をとる旅人が多く見られます。全般的な印象ですが、昼食を除き、今の私たちほどには時間にこだわらずに食事をしていたようで、特にフランス人は一日に四～五回食事をしていると記している旅行記もあります。宴会の場合は、八時間とかあるいは一日中続くこともまれではなかったようです。

最後に、移動方法について簡単に触れておきたいと思います。この当時の移動の基本は徒歩ではありますが、旅行記を残すような旅人の多くは、馬に乗って移動していました。ですから旅にあっては、先ほど述べました旅人自身の食事とは別に、馬の餌の手当も必要になります。馬以外の移動手段は、川を船を使って移動する方法があります。デューラーはライン川を船で下ってネーデルラントに行っています。水上交通の場合、盗賊などに襲われる心配は少なくなり比較的安全であったために、移動手段として好まれていたようです。一七世紀以降になりますと、郵便馬車が登場し、ヨーロッパ各地が郵便馬車で繋がります。一九世紀に鉄道が普及するまで、郵便馬車は陸上交通の最大の旅客手段でもありました。

二　旅人は何を食べ、何を飲んでいたのか

それではいよいよ本題である食卓をのぞいてみることにしましょう。まず手始めに、何を食べていたのか、何を飲んでいたのかについて少々具体的に見てみましょう。

まずパンを取り上げてみましょう。パンという言葉でどのような形状のものを思い浮かべるでしょうか。本章が対象としている時代には現在のパンという言葉からかけ離れたものを指すことがあり、パンは必ずしも小麦などの穀類でできているとは限らなかったようです。その一例が「栗のパン」と呼ばれるものです。モンテーニュによると、それは「木のパン」とも呼ばれていたことが分かります。モンテーニュ以外にも「栗のパン」に触れている旅行記があり、それによると味はなかなか良かったとのことですが、色は茶色で目が詰まっていたためかなり重く、消化しにくかったようです。パンの中で上等と見なされているのは、白くて軽く柔らかいものであり、白パンは裕福、黒パンは貧困を指すと理解されていました。全般的な傾向としては、フランス、イタリアとイギリスでは小麦粉で作られた白いパンが多く焼かれていた一方で、ドイツやポーランドなどではライ麦で作られた黒いパンが多く焼かれており、クミンなどのスパイス入りの黒パンも記録されています。特に、フランスの旅人はこの黒パンがお気に召さなかったようで、ずいぶんと悪口を書いています。

パンはもちろんパン焼き竈で焼きますが、このパン焼き竈はこの当時、個人で持つことは許され

ておらず、農村では荘園領主がパン焼き竈を持ち、農民は使用料を払ってパンを焼いていました。都市では防火の観点およびパン屋組合の関係で、個々の家にパン焼き竈を設置することは許されていませんでした。また一五世紀以降、ヨーロッパでは長年にわたる森林伐採の結果、木材が不足し始め、地中海の島のみならず、大陸においても薪価格が高騰しました。この薪価格の高騰はパンだけでなく、社会のさまざまな部分に影響を及ぼしました。例えば、ヨーロッパ各地の都市には公衆浴場が多くあり、人々の憩いの場になっていましたが、一五世紀頃から入浴料が高騰し、徐々に公衆浴場が消えていくことになります。またヨーロッパで石造りの家が多くなるのもこの頃以降です。貧しい農民たちは、パン焼き竈の使用料を倹約するために、できるだけ日持ちのいいパンを作りました。そのためパンは、堅く乾燥したものとなり、今のビスケットのような堅さのパンも焼かれていました。このような堅いパンは、肉などを載せる皿としても利用されており、肉汁が垂れたパンを最後に食べたようです。さらに貧しい者は、パンさえ焼くことができず、穀類等を水に溶き粥状にして食べていました。

パンは、全体として見ると、ヨーロッパの人々にとって重要な食べ物であり、特に一六世紀以降、肉の消費量が減少するようになると、パンが食事に占める比率が大きくなりました。フランス革命前にパリの民衆、特に主婦がパンを求めて行進した事件は有名ですが、パンが民衆にとって大変に重要な食べ物だったことが分かります。

それでは次に、肉を取り上げてみましょう。肉についてはいろいろな記述がありますが、旅行記の書き手が気にしているのは、肉の質と種類でした。野禽か家畜かはあまり問題にされておりません。しかし肉と言えば、多くの庶民にとっては、なんといっても塩漬けの豚肉を指しました。これはこの当時の肉の保存の仕方と関係があり、現在のような冷蔵冷凍設備がない状況では、ある程度長期保存するためには、塩漬けか燻製にならざるをえません。農村では、各農家で屠殺が行われましたが、都市に住んでいる住民の場合、肉は肉屋から購入します。肉屋の店頭では、生肉とともにすでに保存用に加工された肉も販売されていました。生肉は柔らかいのですが高価であり、貧しい者たちは堅い加工肉を買うしかありません。この当時の肉屋は、都市の郊外から生きた家畜を専用の車で運び、都市内あるいは郊外にある専用の屠殺場で屠畜し、専用の燻製室などで加工する一方で、生肉も販売しました。当時の肉屋の店先を描いた絵画も多くありますので、美術館などでご覧になった方も多いかもしれません。いろいろな肉がぶら下がっている肉屋の店先をリアルに描く絵も多く、思わず目を背けてしまうような絵もあるかもしれません。またこの肉屋に関係してちょっとユニークなものが、「肉屋郵便」です。南ドイツの都市では比較的長く続くのですが、肉屋が手紙や軽貨物を運ぶ通信業と言いますか輸送業も行っていました。これは先ほど述べましたが、家畜を運ぶために専用の車を肉屋は所有しており、家畜を運んだ後、荷物を載せて運んだことからこの名前が付いたと言われています。比較的狭い範囲での活動ですが、各都市の肉屋が相互に協力するケースもあり、都市における身近な輸送業として役立っていたようです。

肉の種類としては、牛肉が最も値段が高く、これを買うことができる人は限られていました。肉においてもパンと同様に、柔らかいという点が重要であり、その点からも塩漬け肉よりも生肉の方が人気がありました。しかし生肉は値段が高く、庶民が気楽に買うことができるものではなかったようですが、ヒツジは庶民が買える生肉でした。また、肉の調理の方法についても多くの言及がありますが、焼きすぎて美味しくないとか一度煮た肉を焼いているなどと多くの不満が旅行記には見られます。

それではこの当時の人々はどのくらいの量の肉を食べていたのでしょうか。旅行記を読む限りでは、かなり食べているように思われますが、具体的な数字をあげることはできません。そこで旅行記以外の経済史分野の研究を見てみますと、一五世紀において一人当たり年間一〇〇キロという数字が紹介されています。これは相当な量で、毎日食べたとしても一日当たり二七〇グラムほどになります。後でまた述べますが、この当時のヨーロッパには、キリスト教会により肉を食べることが禁じられた断食期間(肉なし日)が、一年の三分の一ほどの年間一四〇～一六〇日程度ありました。この教会の肉なし日の規定を守った場合は、残りの二〇〇～二二〇日の期間に肉を食べることができますので、年間一〇〇キロとすると、毎日四五〇～五〇〇グラムの肉を食べていたことになります。しかしながら研究者によって肉の消費量の数字はかなりまちまちであり、算定基準とした史料によって相当異なる数字がはじき出される傾向にあります。

肉との関係で、調理に用いる油について見てみましょう。最もポピュラーなのがバターであり、他には、オリーブ、クルミ、菜種などをあげることができます。しかしこれらの油には品質の劣化と運搬の問題が絡んでいました。オリーブ油は主に地中海地方から運ばれましたが、運搬の段階で味がかなり劣化していたようです。パリに滞在したイタリアの旅人たちは一様に、パリのオリーブ油は苦い味がすると記しています。この当時の一般的な運搬には、ヤギ皮の革袋が利用されていました。

それでは次に、肉以外に旅行記に頻繁に出てくる食べ物をいくつかあげることにしましょう。まずチーズですが、これはいたるところに存在するありふれた食品だったようです。記述を見る限り、不思議なことに、ただ「チーズ」とのみ記されることが多く、チーズの種類などに言及したものはありません。多くの旅人が気にしていたのは、新しいか古いかという点でした。また、ミラノやパルマのチーズというような産地名を記したチーズもすでに存在しており、一部のチーズはすでに名産品として知られていたことが分かります。

次に野菜ですが、実は同じ野菜という言葉でも、今の私たちがイメージする野菜と当時とではかなり違っていました。この当時は食用植物から摘み取る部分、例えば豆類を「野菜」と呼んでおり、根菜類(ニンジンやカブ)や草(レタス、ネギ)とは区別されていました。そのため、史料の中で「根や草を食べる貧しい人々」という表記が時々ありますが、彼らは必ずしも道ばたの草や根を食べていたのではなく、ニンジンやネギを食べていた可能性もあります。「野菜」という言葉がかなり限定的に用いられており、また時代や地域によって「野菜」という言葉が示す内容が異なっていました。この当時最も一般的だった「野菜」は、豆科植物でした。栄養面でも大きな効果があるとともにに、保存が比較的容易であることが、この背景にあると思われます。食品の保存の問題は、当時においては非常に重要な問題でした。

最後にスパイスを取り上げましょう。このスパイスは、おそらくこの当時のヨーロッパの食生活を最も特徴づけているもののひとつだろうと思います。しかしながらチーズや野菜と同じように、スパイスという言葉で何が実際に含まれるのかが難問であり、旅行記ではただ単にスパイスという記述が多く、具体的にどのスパイスを指しているのかなかなか見当がつかない場合があります。それはともかくとして、この当時スパイスは贅沢品であり、一般の人々の手に入る食品では必ずしもありませんでした。そのためこの点は後で述べますが、スパイスは、社会的な身分差を示すものとして利用されたと考えることができます。国王や大貴族は毎日の食事にスパイスを、しかも高価なスパイスを大量に用いていました。身分が下がるにつれてスパイスの使用量は減るとともに、使用するスパイスも安いものに限定されました。この当時最も使われていたスパイスは、砂糖・コショウ・サフラン・ショウガ・シナモン・ナツメグ・チョウジ・クミンなどです。この中でも特によく利用されているのが、サフラン・ショウガ・コショウです。中世ヨーロッパでは傷んだ肉のにおいを消すためにスパイスが多用されたという表現を時々見かけますが、旅行記等を見る限り、そのような事実は確認できません。肉や魚は保存できるように加工されており、スパイスを使う必要は必ずしもありません。また臭みを消すという点では、ハーブ類が主に使用されていました。部屋の床に良い香りのする草（ハーブ類）を敷くこともあり、ハーブ類はいわば匂い消しとして利用されていました。この当時のヨーロッパの食卓は、今よりははるかにスパイスが効いた食卓であり、その上さらにこのスパイスによって色彩に富んでいたと考えられます。

それでは次に、飲み物に移りますが、まずワインから始めましょう。ワインについてはさまざまな記述があります。中には読むだけで気持ち悪くなりそうなワインの作り方の紹介もありますが、今回はそのような記述は省略します。飲み方としては、今の私たちのように、そのまま生で飲むこともあれば、水などで割って飲む、あるいは他のワインと混ぜて飲むなどが見られます。一般にドイツやポーランドでは、ワインをそのまま生で飲み、イタリアやフランスでは水で割ることが多かったようです。また、甘いワインや香料入りのワインが好まれており、中にははちみつを入れてわざわざ甘口ワインだと偽って出す例も紹介されています。全体として、甘口のワインを不味いと見なした旅人は見あたらず、中世および近世ヨーロッパでは甘口ワインが好まれていたと言うことができます。今の私たちのように、辛口のワインを好む傾向は、二〇世紀に入ってからのことです。

次に、ビールですが、ビールはワインと比べるとはるかに庶民的な飲み物として描かれています。しかしビールは社会的には、最下層の人々の飲み物ではなく、最下層の人々はシードルやはちみつ水などを飲んでいました。ビールの飲み方もいろいろで、温めて飲むこともあり、イギリスではバタービールというものが飲まれていました。これはホップの入らないビールに砂糖とシナモンとバターを入れ、鍋にかけて熱々にして飲むものだったようです。

コーヒーの伝来については諸説ありますが、旅行記を見る限りでは、一七世紀半ばまではほとんど言及がなく、その後一気に人気が出て、一八世紀のパリで大流行している様子が分かります。ドイツからパリに来た旅人が、パリで人々がコーヒーに熱狂しているのに驚くという記述があります。コーヒー以外では、スペインではココアが女性と聖職者に特に人気があったことが分かります。一日に六杯も飲む女性のことなどが報告されており、これを紹介する旅人は、スペイン女性が痩せていて、ひどく浅黒い肌をしている原因をココアの飲み過ぎと断言しています。

三　「肉なし日」には何を食べていたのか

ここまで食卓を垣間見ましたが、この時代のヨーロッパの食卓を問題にするときに、忘れてはならないことがあります。それは今の私たち、特に日本にいる私たちにはなかなかイメージできない、キリスト教会によって規定された断食期間の食事です。

肉の消費量の話のところで少々触れましたが、キリスト教には断食日がありました。ここで言う断食は、文字どおりの断食ではなく、精進日いわば肉なし日を指しています。この肉なし日は、原則的にはまず毎週二日(水・金曜日)あり、この中で最も厳格に守られたのが金曜日(イエスが磔になった曜日)でした。この毎週の肉なし日の他に、年に四回、肉なし期間がありましたが、その中で最も長く重要なのが、降臨節と四旬節でした。降臨節はクリスマスの前の約四週間、四旬節は復活祭の前の四〇日間です。ようするに、この当時のヨーロッパには年間の三分の一以上の一四〇

〜一六〇日ほどの肉なし日が設定されていたことになります。なぜ肉食が禁じられたのでしょうか。四旬節は、アダムの堕落にまで遡る人類の罪を反省する時期であり、神はアダムが何をしでかしたかを知ったとき、「お前の故に、土は呪われるものとなった」(「創世記」三―一七)と言われ、そのため土の上で生まれ育った動物は一切口にすることができないとされたのでした。

それではこの肉なし日にはどのような食事をしたのでしょうか。初期キリスト教時代は、かなり厳しい制限があったようですが、九世紀頃から、土に由来しない食べ物として、魚を食べることが認められるようになり、魚と水中に生息しているものが、この肉なし期間の食べ物になりました。肉なし期間の中でも多少食べ物に違いがあり、四旬節には、魚、水産物、卵と果物を食べ、毎週金曜日は野菜のみで、最も厳しい食事となっていました。いずれにせよ魚は、この断食あるいは精進の時期を示す象徴的な食べ物、シンボルと見なされていました。「謝肉祭と四旬節の戦い」という表現が、一三世紀頃から用いられ始め、絵画の題材にもなっています。有名な絵画では、ピーター・ブリューゲルが一五五九年に制作し、現在はウィーンの美術史美術館に所蔵されている絵画があります。魚と肉は対極にある食べ物と見なされ、魚と肉を同じ食卓で食べないことが一般的になりました。一年は、肉が食卓に上る時期と魚が上る時期に分けられ、魚と肉が同じ食卓に上ることはありえなかったのです。この魚の問題は、時間が経てば経つほど味が悪くなり、腐敗しやすいことでした。そのため塩漬けにされたサケ、タラやニシンが多く食べられました。塩漬けの他には、干物、燻製、油漬けなどの加工方法があり、これらの加工技術が完成されたのは一二世紀頃のことです。海の魚はこのような加工をされて内陸に運ばれましたので、生魚というのは高級品でした。そのため内陸では養殖が行われ、鯉や鱒が養殖されていました。この時代から現在まで養殖が盛んに行われている地域が多くあります。またウナギは魚の中では比較的日持ちするために重宝がられていました。

肉なし日に魚を食べることを広めるために、一五世紀にある有名な説教が行われ、酒飲みに古典的な口実を与えることになりました。「キリスト教会の掟に従って人々が断食をするときは、いつもよりたくさんの酒を飲む必要がある。「魚は泳がねばならない」からである」。こうして酒飲みたちは、肉なし日に居酒屋で「魚は泳がねばならない」と口に出しながらたくさんの酒を飲んだと言われています。

年間三分の一以上の肉なし日は、確かに辛いものであったと思われます。しかし教会はちゃんと抜け道を用意してくれていました。それが「特免」と言われるもので、当時の呼び方としては「十字軍勅書」などと立派な名前で呼ばれている場合もありました。例えば、バターは動物性の油脂であり、原則的には、肉なし日には口にすることができない食材でした。しかしキリスト教会は、特定の人々あるいは地域に対してバターを食べても良い「特免」を与え、これを手にした人々はバターを食べることができたのです。もちろんこの「特免」を得るには、手数料が必要なことは言うまでもありません。この「特免」でどの程度の収入を教会は得たのでしょうか。その一例としてしばしば取り上げられるのが、フランスのルーアンにある大聖堂です。この大聖堂には二本の塔がありますが、そのうちの南塔は、「バターの塔」とも呼ばれ、四旬節の期間にバターを食べる「特免」で得た金で建てられたという謂われからこう呼ばれています。また同じ乳製品のチーズについて、四旬節にパリではミラノのチーズのみが「特免」で食べることが許されており、四旬節にイタリアから来た旅人がこれを見て驚いています。

「特免」と言いますと、何か不敬虔な印象、あるいは特定の人々だけが享受したものという印象を受けるかもしれません。しかし「特免」というものはこの時代においては、ごく一般的なものとして認識されていました。金銭で「特免」を得ることは一般的なことであり、必ずしも特殊なことではなかったと言うことができます。さまざまな「特免」を手に入れることにより、あるいは与えることにより、日々の生活が滞りなく行われていたのです。例えば、今の私たちの社会でも、有料駐車場に車を止めるような行為が、当時の「特免」の感覚に近いかもしれません。有料駐車場というのは、本来駐車することができない場所に、料金を支払って一定時間車を駐車するわけですが、言い方を変えると、車を一定時間駐車する「特免」を得て駐車する、ということになるだろうと思います。

四　食事と身分は関係していた

ここまで食材や料理などのごく一部を旅行記などに基づいて紹介してきました。今の私たちから見ると、不思議に感じることもあったのではないかと思います。旅行記から得られたこうした食卓に関する情報を、今度は歴史的な視点で整理し、ここまで不思議と思われた事柄を、その社会の中に位置づけてみたいと思います。

その際まず最初に考慮に入れなければならないことは、この時代のヨーロッパは身分制社会であり、社会全体は「身分」という階層から成り立っていたということです。国王を頂点としたピラミッド状の身分秩序というものが、特に一七〜一八世紀においてひときわ強調される傾向にありました。その際、身分というものは必ずしも目に見えるものではありませんので、これを目に見えるものに代えることが重要でした。そのためにさまざまな方法がとられたのですが、食事あるいは食卓もその方法のひとつとして使われたと考えることができます。すなわち食生活というものは、その身分に応じて行われていたということになります。それでは食生活においてどのようにして身分差が示されたのでしょうか。まず第一は量でした。数多くの料理が食卓からあふれるように供される食事こそ、経済力があり身分が高いことの証明でした。そして量とともに重要な点が、高価で手の込んだ洗練された料理であることです。食材としても高価なものを使う方が身分が高い証明になりましたが、この当時高価な食材は、白くて柔らかいもの、新鮮なものでした。このことは先ほど述べましたスパイスにも当てはまります。スパイスは高級であり、高級なスパイスを大量に使えるということは、それ相応の身分にあることを示したのです。しかしこのような身分に応じた食事は、家族内で行われたのではあまり意味がありません。客を招待するときこそ、自らの身分、社会的地位を示す絶好のチャンスだったのです。そのため身分が高ければ高いほど、それを示すために多くの人に食卓を見てもらう必要があり、その頂点が国王でした。近世の国王の食事は、多くの人が見ている前で行われ、いわば国王の食卓は衆人環視の中にあったのでした。

このように食事の内容は、身分によって異なるものと認識されていました。農民は粗食すべき身分であり、しかも黒くて堅いものを食べる身分と考えられていました。人々はそれぞれ身分相応の食事をすべきと考えられていましたが、祝祭日だけは別でした。この日は身分に関係なく豪華な食事をすることが可能ではありましたが、一五世紀後半以降、奢侈条令と総称される条令によって、こうした祝祭日の食事の内容も限定されるようになりました。例えば都市では、結婚条令と呼ばれる条令によって、結婚披露宴の際に提供しても良い一人当たりのビールの量、肉の量あるいは皿数や招待客の数まで、こと細かに規定されました。こうした条令の意図やその効果については、いろいろな解釈がありますが、食事による身分差の表象という観点から見るならば、都市内の身分秩序の安定を目的とした条令と理解することもできるように思います。

これまでは食事を提供する側の身分差の表象について述べましたが、実は同じことは、食事を提供される招待客にも当てはまります。どういうことかと言いますと、宴会のような大勢の人々が集まる場において、招待客の身分によって、食事の内容や量が異なっていました。全体の量が異なっている場合もあれば、肉の種類が異なる場合、あるいはパンの種類が異なる場合などもありました。また食器に差がつけられることもあったようです。招待された客たちは、その違いを見て、自分にこの宴席において与えられている位置を見ることができるとともに、自分の身分にふさわしいもてなしであるかどうかを判断するわけです。現在の私たちの場合、宴席で食事内容や量が異なることは基本的にはありません。例えば、結婚披露宴に呼ばれた場合、席次で自分の披露宴での位置づけを理解することはできますが、食事の内容は同じだと思います。招待客によって食事内容などが違っていたとしたら、私たちはそれをどう思うでしょうか。

さらに身分差を示すために、食材自体にも上下関係が設定されました。農民のための食材と高貴な者の食材が区別されていたのです。どのように決まったかと言いますと、高い位置にあるものの価値が高く、低い位置にあるものの価値が低いという象徴関係が作用していたと考えられています。つまり球根や根は、地面の下ですので最も低い位置にあり、植物の地位としても低いものになります。次いで草、低木、高木となり、果実は球根や根と比べ、高貴であると考えられました。これはただ単に位置の問題だけでなく、天つまり神の完全性に近いか遠いかという暗喩的な意味と同時に、この当時の科学によって立証された考え方でもありました。それは食物としての滋養分の吸収は、上の方に行けば行くほど完全になると考えられていたのでした。例えば、多くの果実は樹の上の方に実った方が美味しい。地面に近い枝に実ったものは不味いが、この味の違いは水の要素の支配を受けるためであるとこの当時は考えられていました。同じ原理で、動物界においても鳥が頂点に置かれました。そのため、鳥は高い身分の人にふさわしい食材と見なされたのです。多くの旅行記の記述では、特に宴席において、鳥がさまざまな調理法や装飾を施されて供されたことが分かります。

食事の量、調理方法および食材で身分差が表象されるとともに、巧みな演出で食卓や宴を盛り上げる能力、招待客をふさわしい態度で迎える能力が、社会の中で高い位置にある者にふさわしい能力であると考えられていました。いまや食卓を見せびらかすことが、宴会を開く最大の動機であり、豪華な食卓は、その主人の経済力や社会的地位を示すものとされたのです。さらに先ほど述べましたように、このような宴会において、招待客をその身分に応じて扱わなければなりませんでした。

例えば、国王の食卓と貴族の食卓に同じ料理を並べることは許されませんでした。大きな食卓に一緒につく場合には、それぞれの前に別の料理、別の皿などが並べられたのでした。

このような社会にあって、自分の身分にふさわしい食事以上の食事をすること、あるいは宴会を開くことは、単に身分的、経済的な問題にとどまらず、社会的、政治的問題でもあったと言うことができます。このような行為は、既存の社会秩序を脅かす行為であり、権力者にとっては、自分たちへの挑戦あるいは反逆と映る行為でもありました。そのためすでに述べましたように、一五世紀後半以降いわゆる「奢侈条令」が盛んに発令されることになったわけです。この奢侈条令にはいろいろあり、先にあげた結婚条令の他には、衣服条令と呼ばれるものがありました。これは、職業や身分ごとに着てもよい服の素材や帽子、女性の髪飾りの種類や数などを詳細に規定したものです。服装も身分差を示す格好の材料となりましたので、こうして規制の対象になったのだろうと思います。既存の秩序を脅かすような新興勢力の社会的上昇を阻止することが、これらの奢侈条令の目的のひとつだったと考えることができるのではないでしょうか。

五　地域や時代で食卓は変化した

旅行記を見ていると、食卓の風景が時代や地域でかなり異なっていることに気がつきます。このあたりのことを五点にまとめてお話ししたいと思います。

時代による変化として、まず一つめは、先に述べましたように、食生活における身分差の強調という点です。一六世紀以前の中世社会にあっては、食生活における身分差の強調はさほど見られません。身分差が強調されるのは、特に一七世紀以降のことです。なぜこのようなことが行われるようになったのでしょうか。いろいろと考えることができると思いますが、ひとつの考え方として、既存の身分秩序が脅かされ始め、それを阻止するために身分差を強調し始めたと考えることができるように思います。貨幣経済の浸透や一四世紀以来の気候の不順により中小規模の貴族が経済的に疲弊する一方で、一五世紀には都市の経済力が上昇し、経済力を蓄えた有力な商人たちが都市貴族と称される門閥を形成するようになりました。このような変化によって、中世以来の伝統的な身分秩序・支配秩序と現実の経済力とが徐々に必ずしも整合しなくなりました。このような事態に対して、とりわけ支配権力者が、伝統的な身分秩序および社会秩序を維持しようとしてとった行為のひとつが、身分差の強調と言えると思います。さらに、最初に述べましたように、一六〜一八世紀は寒い時代にあたり、農業が全体として不振な時代でした。例えば、肉の消費量は一四〜一五世紀は年間一〇〇キロあったものが、一八～一九世紀には一四キロまで減少しています。社会全体に出回る肉の量が減少し、肉の値段が高騰したことにより、肉の消費が減ったことによると考えられますが、このような時代に身分差の強調、身分ごとに食べるべき食事内容が規定されたのでした。

二つめとして、一六世紀初めに起きた宗教改革に触れておきたいと思います。と言いますのもそもそも肉なし日の緩和というのが、宗教改革の要求のひとつでもあったからです。例えば、有名なスイスの宗教改革者ツヴィングリは、四旬節にソーセージを食べたかどで投獄された男の弁護に立って、カトリック教会に対して最初の反対行動をとりました。そのときに行われた説教が「食事の選択と自由について」(一五二二年)です。ちなみに、カトリック教会は、一九四九年にこの四旬節の肉なし日を正式に緩和しました。

三つめとしてこの宗教改革と関連して、プロテスタントの食卓をあげることができます。宗教改革でプロテスタントが誕生して以来、特にイタリアとフランスのカトリックの旅人たちは、ドイツなどのプロテスタントの地域での食卓に強く関心を持ったようです。その中で特に多いのが、肉と魚を一緒に給仕することに対する驚きでした。肉と魚が同じ皿に盛られていることに驚いているのです。カトリックにおいて、肉なし日に肉を食べることは禁じられていましたが、肉を食べて良い日に魚を食べることは必ずしも禁じられてはいませんでした。しかしこの点はすでに述べましたように、魚と肉は対極の食べ物と認識されていたために、一緒に食べるものとはそもそも認識されていませんでした。ですからプロテスタントの地域で非常に驚いたのだと思います。宗教改革によって、このようにヨーロッパの食卓も大きく変化することになりますが、それとともに指摘しておきたいことは、宗教改革によって、比較的多くの人が信仰を理由に移住したということです。このヨーロッパ規模での人々の移住によって、各地の料理法や食材などが伝わり、食文化の融合が起きたことを心にとどめておきたいと思います。

この時代の大きな変化として、四つめにあげたいことは、一七世紀以降、フランス特にパリにおいて、香辛料を大量に使う料理が急速に廃れ、食品の素材を生かした新たな調理方法がもてはやされるようになったことです。この時期にフランス人の味覚に大きな変化が起きたと言うべきか、あるいは調理方法が変化したと言うべきか、迷うところではありますが。フランス人の言うところによれば、これがフランス料理の誕生ということになります。この原因については改めて考える必要がありますが、このような食文化の中心が、フランス王の宮廷であり、特に一七世紀後半は、ルイ一四世(太陽王)の時代にあたり、その絶大な権力とともに、他の国とは異なる洗練された新たな食文化を作り出し、ドイツをはじめとする各地の王や貴族がこのパリの文化に憧れを抱き始める時代でもありました。ドイツの貴族の宮廷でフランス語がもてはやされたように、このフランス風の食事およびマナーを取り入れることとそして味わうことができることが、当時の貴族社会の一流の証でもあったと言うことができます。ルイ一四世の食卓は、宮廷に出入りする貴族に開放されていましたし、そもそもこの当時の国王の生活は常に衆人環視の中で営まれており、国王の食卓が社会に大きな影響を与えたと考えることができます。ヨーロッパ近世独特の宮廷社会の中で、いわゆるフランス料理が育まれたのでした。近世のフランスの旅人は、他国のスパイスが効いた料理を蔑みながら、自分たちの口には合わないと記すのでした。

食卓の変化の最後に五つめとして、新しい食材に触れておきたいと思います。すでに述べましたように、近世という時代は冷涼な時代にあたり、気候が全般的に不順な時代でした。飢饉も繰り返し起きており、そのため農業技術に関する本が数多く公刊されるなど農業に関心が寄せられた時代でもありました。また、いわゆる大航海時代において、多くの新しい食べ物がヨーロッパに紹介されたことも、農業への関心を高めた一因と言うことができるでしょう。その中で新大陸に由来するものではありませんが、まずコメとソバに触れておきたいと思います。いずれもヨーロッパでは早くから知られていたものですが、一六世紀以降に急速に普及しています。新大陸からもたらされたものとしては、トウモロコシとジャガイモをあげることができます。トウモロコシは一六世紀の初めにはイベリア半島で栽培が始まり、その後南フランスおよび北イタリアに広がったことが知られています。ジャガイモもほぼ同様に、スペインからイタリアへと広がり、一六世紀末にはドイツでも栽培されていたことが確認されています。トウモロコシもジャガイモも一八世紀に急速に普及し、ヨーロッパの人々の食生活を大きく変化させることになったのでした。

おわりに――私たちの食卓

ここまで主に一五世紀末以降の旅行記を使いながら、食卓を垣間見てきました。最後にもう一度、身分制社会との関係に触れておきたいと思います。それは近世ヨーロッパという身分制社会の中で、食卓もその身分差を示す表象のひとつとして理解することができるということです。食事は社会を映し出す鏡であり、身分差に厳しい社会にあっては、食卓の様子も身分によって異なっていなければなりませんでした。身分が高い者は、その身分にふさわしい食卓を用意しなければならず、そのための失費もかさみました。身分とは生まれながら備わるものであり固定的なものと思われるかもしれませんが、しかし実際は必ずしもそうではありません。身分はもちろん生まれながらではありますが、しかしそれを社会の中で他者に認めてもらわなければ現実的な価値を持ちません。服装、言葉遣い、行動などすべてにおいて身分相応であらねばならず、そのため身分が高ければ高いほど、失費がかさみまた失うものも多かったのです。この点において、身分制社会は実は流動的でもあったのです。身分や社会的地位の上昇を狙う人々は、自分の身分以上の服装、言葉遣い、行動などによって社会的な認知を得ることで、上昇への道を切り開くことも可能でした。身分制社会は、いわば、生物学的な部分と社会学的な部分が複雑に絡み合いながら構成されていたのです。食卓もそのような社会構造に組み込まれ、身分を示す身近な格好の材料となったのでした。

ひるがえって現在の私たちの食卓はどうでしょうか。食卓が社会を映し出す鏡だとしたら、そこにはどのような姿が映っているでしょうか。このようなことを考えながら、我が家の食卓をはじめいろいろな食卓を眺めてみるのも楽しいかもしれません。

【読書案内】

下田淳『ドイツの民衆文化』昭和堂、二〇〇九年。

　ドイツの民衆文化を祭り、巡礼と居酒屋を視点にしてまとめたもので、居酒屋についてはその成立から中世の居酒屋の様子とそこに集まった人々およびさまざまな規制について分かりやすく述べられている。

フィリップ・ジレ著、宇田川悟訳『旅人たちの食卓』平凡社、一九八九年。

　一六〜一八世紀のヨーロッパの食文化を読みやすく紹介する好著で、一九八六年度にフランスでアカデミー・フランセーズ歴史部門銀賞と第四回ルレー・グルマン文学賞が授与されたジレの著書の翻訳。最後には料理法まで紹介されていておもしろい。

H・C・パイヤー著、岩井隆夫訳『異人歓待の歴史』ハーベスト社、一九九七年。

　中世ヨーロッパの居酒屋および宿屋の歴史に関する著書で、旅人（異人）がどのように歓待され、どのような場所に宿泊したのか、その変遷をまとめている。

マッシモ・モンタナーリ著、山辺規子・城戸照子訳『ヨーロッパの食文化』平凡社、一九九九年。

　古代末期から現代にいたるまでのヨーロッパの食文化がどのように変遷したのか、その大きな流れを描く好著。たいへんに読みやすく、ヨーロッパの食文化に関心のある方に特にお勧めの一冊。

第五章　猪八戒は食いしん坊か？

武田雅哉

多くの場合、宴会は「あす死ぬかもしれないから、きょう腹をふくらましておこう」という動機だけでおこなわれる。

アルヴァーロ・セメード『チナ帝国誌』（一六四二年）

一　空腹の怪物たち

「饕餮」という、たいへんややこしい二文字は、「とうてつ」と読みます。現代中国語の発音は「タオティエ」。せっかくなので、覚えていただいてもよろしいのですが、これからの人生においては、出くわすチャンスは、ほとんどないことでしょう。よく見ると、二文字ともに「食」の字が入っていますが、これは中国古代の「食いしん坊の怪物」の名前なんだそうです。また、古代の青銅器に造形された複雑な文様のことも、「饕餮紋」と呼ばれています。北海道大学の中国文学研究室で毎年出している雑誌は、研究者たちの探求心が常にハングリーであることを願って、『饕餮』と命名されました。

中華料理の饒舌な世界――奇妙な食材、手の込んだ調理法、量の多さ、しつこさ、もちろん美味しさ――は、中国の文学の饒舌な世界に似ています。中国の物語で、いちばんのおしゃべりといえば、なんといっても、『西遊記』の猪八戒でしょう。そして、ぼくが心から尊敬する、中国が生んだキャラクターは、やはりこの猪八戒です。はじめに言っておきますが、猪八戒は黒ブタの妖怪です。よろしいですか？　イノシシでもありません。ブタはブタでも、白ブタではありません。

黒ブタ猪八戒

「猪」という文字は、ブタという意味です。あくまでも、食べられるために改良された家畜であり、中華料理で最も重要な食材としての、ブタでなければいけません。猪八戒の哲学は、「自分は食うものであり、また食われるものである」という矛盾から始まっています。ブタごときに哲学があるのかって？　『西遊記』を、いまいちど、じっくりお読みください。子供向きに書き直されたものではなく、完訳本で。そこには八戒のオトナの人生哲学が、いたるところに見え隠れしているように、私は思います。例えば彼は、こんなことをつぶやきます――「腹が減ってる時には食い物がないし、食い物がある時には食う気にならないんだよな……」。あるいは「結婚したら、もう顔なんてどうだっていいじゃないか」とか。実のところ『西遊記』は、子供なんかに読ませる本ではないのであります！

さて、ポルトガルのイエズス会士で、中国で布教活動をしていたアルヴァーロ・セメードが書いた『チナ帝国誌』（一六四二年）には、こう書かれています。――「多くの場合、宴会は「あす死ぬかもしれないから、きょう腹をふくらましておこう」という動機だけでおこなわれる」と。おそらくは、中国人の宴会好きにあきれた西洋人の宣教師が、「あなたたちは、どうしていつも宴会ばかりしているのですか？」とたずねたのに対し、ウィットのある中国人が、「あす死ぬかもしれないからね」と、笑って答えたのかもしれません。猪八戒のような人がいたということでしょう。

今回のお話のタイトルは「猪八戒は食いしん坊か？」となっていますが、一般に大食らいと噂されている彼が、ほんとうにそうなのか？　という素朴な疑問の探求も含めて、彼を通して、中国の物語にとって「食うこと」とはなんであるかということを考えてみたいと思います。

二　喰うことの物語『西遊記』

『西遊記』物語ができるまで

はじめに、ごくごく簡単にではありますが、『西遊記』という物語の成立の経緯について、おさらいしておきましょう。

言うまでもなく、ことの発端は、七世紀、中国では唐という時代に敢行された、玄奘三蔵法師(六〇二〜六六四年)のインド旅行でした。玄奘は国禁を犯して出向いたのですが、『西遊記』の中では、皇帝から派遣される形で、盛大に見送られて出発することになっています。

インドへの取経の旅(六二九〜六四五年)から帰国した玄奘は、その旅の経緯を口述し、弟子の弁機がこれを記録しました。こうしてできあがったのが、『大唐西域記』と題された、旅行記であり、また地理書でもある著作です。あくまでもノンフィクションとして書かれているので、サルやらブタやらの弟子たちは出てきませんが、なかには各地で聞き及んだとおぼしい、民話や伝説が、ふんだんに盛り込まれています。

このような資料をもとにして、玄奘三蔵のインド旅行を題材に、荒唐無稽な物語をでっちあげ、またこれを、都市の盛り場に設けられた寄席などで物語る人々が、やがて現われました。そのような語り物のテキストとして残っているのが、南宋の『大唐三蔵取経詩話』と題されたものです。このような書物は、文人が、自らの書棚に大切に保管しておくような、高尚な性質のものではありません。むしろ読みつぶされ、「書物」という形態としては、物理的に消費されるものでした。そのために、中国ではこの種のテキストは、ほとんど残っていません。ただ、そのようなクダラナイものでも、中国の本であれば大切にして保管してきたのが、ほかならぬ日本でした。『大唐三蔵取経詩話』も、京都の高山寺に所蔵されていました。中国の通俗文学、例えばポルノ小説のたぐいも、中国では、おもしろいがゆえに読みつぶされ、後世に伝わらなかったものが少なくないのですが、日本のお寺から発見されるケースもあるのです。さもありなん。

『大唐三蔵取経詩話』には、三蔵法師のお供として、サルの武者のようなのが出てくるだけです。それも孫悟空という名前はありません。猪八戒や沙悟浄も出てきません。

宋の次は、モンゴルが全土を支配した、元という時代になります。この頃、どうやら『西遊記』の小説が完成していたようです。「ようです」というのは、現物が残っていないからです。それは、『朴通事諺解《ぼくつうじげんかい》』という、朝鮮で作られた中国語会話の教科書に残っていました。この教科書の中に、『西遊記』などの小説本を買う場面のスキットがあり、そこの注釈で、詳しくあらすじが紹介されているのです。それを読む限りでは、現存する小説『西遊記』とほぼ同じようなストーリーなのですが、弟子の名前は、孫吾空・朱八戒・沙和尚となっています。これを元刊本『西遊記』と呼んでいます。

愉快なのは、その会話の内容でしょう、おおよそ次のようなものです。

甲「あなたは、なんの本を買いましたか？」

乙「『西遊記』を買いました」

甲「どうせ本を買うのなら、四書五経を読めば、立派な思想を持てるのに。どうしてそんな小説本を買うのですか？」

乙「『西遊記』はおもしろいです。ムシャクシャしたときに読めば、スカッとします」

いやはや、まったく同感！

さて、次の明代になると、一五八二年、南京の世徳堂という書肆から『西遊記』が刊行されました。これは現存する最も長い『西遊記』で、日本では岩波文庫版（中野美代子訳）が、この系統の『西遊記』を邦訳したものになります。

清代になりますと、そのダイジェスト版が刊行されます。日本では平凡社中国古典文学大系に入っているものが、これを訳したものです。これから翻訳でお読みになろうという方には、明代の最長のものを訳したものをお勧めします。なぜならば、謎の多い細部や、猪八戒などの饒舌なセリフなどが、つまりは俗文学のおもしろさが、ダイジェスト版では、かなり抹消されているからです。

八戒はどんなブタか？

ここで、八戒が登場する場面の描写を拾い読みしてみましょう。まずは、天竺に向かう三蔵と悟空たちの前に、初めて姿を現わす場面から——

狂風が吹きすぎると、空中より一匹の化物がおりてきました。なるほどみにくくて、お下品。顔は黒くて毛は短く、口は突き出て耳は大きく、青とも藍ともつかない色の木綿の直裰《じきとつ》を身に

まとい、木綿のてぬぐいを一本、腰に巻きつけております。(第一八回)

このように、黒ブタであることが明記されております。また、口がとんがっていて、耳が大きいという特徴もお分かりでしょう(図5-1)。

図5-1　黒い八戒(明刊本『西遊記』より)。原文どおりに黒く描かれる八戒は、そう多くはない。

「実際のところ、ワタクシは、お供をするようになってから、かなりハンサムになったのです。高老荘にいた頃には、口を前に突き出し、耳の両端をちょっと動かしただけで、二、三十人の者が腰を抜かしたものでした」

聞いて悟空、「アホウめ。そのみにくいものを、隠したらいいじゃあねえか」

三蔵、「顔かたちは生まれつきのものだ。どうやって隠すというのだ？」

悟空はこたえて、「そのとんがり口をふところの中にねじこんで出さないようにする。そのウチワのような耳は、ぴったりと後ろにくっつけて、動かさないようにする。そうすれば、かなり隠せるぞ」

そこで八戒、言われたとおりに、口をねじ込み、耳をピッタリとくっつけて、かしこまって立ちました。（第二〇回）

このように、その顔ゆえの苦労や悩みもいろいろとあるわけでして……。

太っている人は誰？　おいしい人は誰？

では次に、ほんとうに八戒がデブなのかどうか、確認してみたいのですが、「太っている」にあたる形容を抜き出してみましょう。

「あの馬に乗った、色の白い太った和尚こそ、唐の聖僧にちがいない。それにしても、三人の醜い和尚に守られているのはどうしたわけだ？」（第四〇回）

「姉さん、あたしたちお風呂からあがったら、あの太った和尚さんを蒸して食べましょうね」（第七二回）

「なかに、色の白い太った和尚さんはいなかった？」（第七三回）

ここに引いた「色の白い」「太っている」などの形容は、実はすべて三蔵法師のことを言っているものなのです。中国語の原文では「白面」「胖和尚」などと表現されています。

ここにあげたのは、すべて妖怪たちの口から出されたことばです。そもそも妖怪たちが三蔵法師を襲うのは、彼の肉を食べたいがためです。どうして食べたいのか？　その理由もまた妖怪さんの口から聞いてみましょう。

「そいつの肉をひとかたまり食えば、不老長寿が得られるというぞ」(第二七回)

なるほど、三蔵法師のような、とてつもなく偉いお坊さんの肉には、すばらしい効能があるというわけなのです。このように、『西遊記』の物語は、お経を取る者たち(特に三蔵法師)が、妖怪に襲われることで駆動しています。誰も彼を襲わなければ、なにごともなく、平穏無事に天竺までたどり着き、お経をもらって帰ってこられるのでしょうが、それではおもしろくもなんともありません。三蔵法師は妖怪たちにとって、最高の食材だというわけです。彼が、よりよく襲われるためには、妖怪たちの胃袋にとって魅力的でなければならず、見るからに、彼らの食欲をそそるような形態であって然るべきでしょう。三蔵法師が、「色の白い太ったお坊さん」と、まるでふっくらとしたアツアツの肉まんさながらに描写されるのも、もっともではありませんか。

おなかのすく人は誰？

次に、「食文化」という観点から、彼らの食欲について見てみましょう。つまり「食いしん坊」は誰なのかということです。

「わしがちょっときついことを言うと、おまえはすぐわしを恨み、かんしゃくをおこして、わしを捨てて行ってしまう。おまえのように腕っぷしの強いものは、お茶の一杯も所望できようけれど、わしのように動けないものは、ここでひもじい思いをがまんしているほかはないのだ。どうだ。おまえだって少しはかわいそうに思うだろう？」（第一四回）

これは、実は三蔵法師のセリフなのです。彼はしばしば「空腹」を我慢できず、このように、悟空に当たり散らします。こんなやりとりもありました――。

「悟空や、わしはまる一日なにも口にしていないので、ひもじいぞ。おまえどこかに行って、お斎《とき》をもらってきておくれ」

悟空はニヤニヤ笑いながら、

「お師匠さまもわからず屋ですね。こんな山の中では、前には村もなく、うしろには宿もありません。お金があっても物を売ってる所はないし、いったいどこに行ってお斎をもらってこいとおっしゃるんですか？」

するとと三蔵、心中ムッとして、言いました。

「このエテ公めが。おまえが両界山で、如来さまに石の中に閉じ込められていたときには、口はきけても、歩くこともままならなかった。わしのおかげで、命を救われ、戒律を授けられて、わしの弟子になったんじゃないか。なのに、どうして努力をせず、いつも仕事をサボろうとするのだ！」

「わたしはまじめにやっているつもりです。どうしてサボっているものですか」

「まじめだというのならば、どうしてわしにお斎を持ってきて、食わせてはくれぬのだ？　わしはひもじくて歩けんのだ。それにここは山の瘴気《しょうき》がひどい。どうして雷音寺《らいおんじ》まで行けるというのだ？」（第二七回）

「きょうは一日じゅうひもじい思いをし、寒くてたまらなかったが、さいわいあの山あいに家が見える。たぶん人家か寺であろう。とにかくあそこに行って斎を乞い、腹を満たしてからでかけることにしよう」

悟空が笑って言うには、「あそこには邪悪な気が漂っています。立ち寄ってはなりません」

「立ち寄るなとはどういうことだ。わしはな、モオほんとうに腹が減ってたまらないのだぞ！」（第五〇回）

図 5-2　スリムな八戒(清代の版画より)。八戒が太っていくのは、20 世紀になってからのことである。

「弟子たちよ、明け方に農家を出たままだし、しかもあの弼馬温《ひつばおん》〔孫悟空のこと〕のやつに腹の立つ思いをさせられたので、この半日というもの、のどがカラカラで、おなかはペコペコだ。どこぞに行って、斎をもらってきて、食べさせてはくれまいか」(第五七回)

八戒は確かに大食いではありますが、飢餓には陥りません。ところが三蔵は、なにぶん凡胎《ぼんたい》、つまりわれわれと同じ、肉体を持った生身の存在なので、そのあたりは深刻なのです。かれの空腹は、じゅうぶん同情に値するものなのではありますが、それでも物語の中では、哄笑の対象として表現されています。

ここに引いた文からも推察されるように、三蔵の空腹は、やがてトラブルを招く原因となることもあります。三蔵自身の食欲と、三蔵を食べたいという妖怪たちの食欲。この三蔵という食材をめぐる、それぞれ逆方向の食欲こそが、『西遊記』物語を駆動させているエネルギーであると言えましょう。ちなみに八戒が、挿絵などの図像の上で太りだすのは、二〇世紀になってからです。伝統的な絵では、さほど肥満体形には描かれません（図5-2）。

三　八戒歎異

八戒の改名と受難

はじめに、『西遊記』の成立過程についての簡単なスケッチをしたかと思いますが、そこで、元代に刊行された『西遊記』では、メンバーの名前が孫吾空・朱八戒・沙和尚となっている、と書いたと思います。朱八戒と猪八戒、これは、どちらが正しいのでしょう？　これはおそらく、朱八戒の方が、本来の名前であったと思われます。

中国に限らず、古い物語の世界には「名詮自性《みょうせんじしょう》」という原理がはたらいていることがあります。これは、その名前の中に人物の本質が隠されている、ということです。

いま「孫悟空」を例に考えてみましょう。孫悟空はサルですが、サルを意味するさまざまな中国語の語彙に「猻(sun)」というのがあります。では「猻」という名前にしてよいかというと、こんな姓はないので、同音の「孫(sun)」という字が選ばれます。孫権《そんけん》、孫中山《そんちゅうざん》、孫平化《そんへいか》、孫二娘《そんじじょう》など、ごく普通の中国人の姓です。孫悟空の場合、「孫」という姓の中に、「サル(猻)」という正体が秘められているということになります。

沙悟浄の正体は、実はよく分かっていません。どうも「砂漠」のイメージを持った妖怪らしいという説もありますが、かりにそうだとして、では「砂(sha)」を使おうとなったときに、「砂」という姓はないので、姓として使えるものとして「沙(sha)」が選ばれたと考えられます。

このような原理に従うならば、八戒はブタの妖怪ですので、作者は、おそらくはまず、ブタを意味する「猪(zhu)」と同音、かつ中国人の姓として成立しうる文字を捜したことでしょう。こうして「朱(zhu)」が選ばれました。朱熹《しゅき》、朱徳《しゅとく》、朱鎔基《しゅようき》、朱琳《しゅりん》……中国ではありふれた姓です。したがって、三人の弟子たちは、孫、朱、沙というのが本来の名前であったのでしょう。猪という姓はありませんので、孫、猪、沙では、猪八戒だけが、たいへん奇妙な名前ということになってしまいます。

それが、明代になって、どうして「猪」と改姓して、今にいたっているのか？　これについては、明王朝の皇帝が朱姓であったことと関わりがあるとされています。明王朝の創始者である明の太祖(洪武帝)は、朱元璋《しゅげんしょう》です。「アホ」の「マヌケ」のと言われるブタづらのキャラクターが、時の皇帝と同姓であるとは、なんとも不敬千万なるはなし！　そんな小説を出版したら、関係者は、一族郎党こぞって首を斬られても当然でしょう。そこで悩んだ版元が、「いっそのこと猪にしておいた方が無難であろう……」と、改姓を決行したのかもしれません。時の皇帝に配慮して、「猪八戒」と修正されたテキストが広く読まれ、とうとう二一世紀の今にいたるまで、「朱八戒」に戻されることもなく、そのまま読み継がれてしまったのでした。

朱八戒が猪八戒になった経緯は、おおかたそんなところでしょうが、明代に刊行されたさまざまな資料には、そのまま「朱八戒」となっているものも少なからずあり、さほどの危機感を覚えなかった、鈍感な版元の中には、「朱」のままで本にしてしまった者もいたようです。

そもそも明代皇帝の姓が、たまたま「朱」であったことは、実は、現実世界のブタたちにも、たいへんな災厄をもたらしたのでした。

明の武宗、朱厚照《しゅこうしょう》によって治められていた年号を正徳と言いますが、その一四年（一五一九年）のこと、南巡の途にあった武宗は、唐突にもひとつの聖旨を下します。それは「民間ではブタを飼ってはならぬ。ブタを屠殺してはならぬ。ブタ肉を食べてはならぬ」というものでした。理由は、武宗が亥年の生まれであること、姓の音が同じであること、ブタ肉は体に良くないこと、などでした。これは、豹房《ひょうぼう》と呼ばれる皇帝の私的な機関で決定されたため、政府内部でもパニックとあいなりました。内閣大学士の楊廷和はじめ、為政者たちは撤回を乞う上奏をし、ほどなくこの愚かなお触れは撤回されましたが、災禍を恐れた農民たちの中には、飼っていた大量のブタたちを殺して、土に埋めた者たちもあったとのことです。

中国に生きるブタたちは、それが食われるものであり、またその名が「猪」であるという、きわめて人文的な理由から、明という時代において、たいへんな受難を体験せざるをえなかったというわけでした。

八戒は最後にどうなったか？

『西遊記』の物語は、どのように締めくくられるのでしょう？

かれらは妖怪と戦いながら、無事に天竺までたどり着き、お経をいただいて、唐にもたらし、万万歳！　と思い込んでいる人が多いのではないでしょうか？　まあ、おおまかにはそういうことなのですが、やはりここは、落ち着いて原著をじっくり読んでみましょう。誰もが知っている古典的な作品というものは、実はあまりちゃんと読まれていません。『ドン・キホーテ』は、「狂った騎士が風車と戦うはなし」なんかでは、けっしてありませんしね。「神は細部に宿る」とも申しますし。

ここでは『西遊記』の第九九回から第一〇〇回にかけての展開を、簡単にまとめてみましょう。

天竺でありがたいお経を手に入れた一行は、空路、大唐国に飛びます。この段階では、三蔵も凡胎ではないので、空を飛んでも問題ない、という設定になっています。

ところが、かれらを見送った如来が、一行の体験した苦難をかぞえてみたところ、全部で八〇難でした。本来は、九九《くく》・八一難を克服すべきところ、まだ一難が足りないということが発覚したのです。この一難をまっとうするべく、通天河の西で、かれらは地上に落とされます。

河の西で途方にくれていると、大亀がやってきて、背中に乗せて河を渡してやろうと申し出ます。この亀は、天竺に行くときにもかれらを乗せてくれた亀で、その際に、「天竺に着いたら、私のことを占ってきてください」と頼まれていたものでした。ところが三蔵たちは、この亀との約束をすっかり忘れていたのです。

河を渡っている途中で、亀から「占ってもらえたかね？」とたずねられて、三蔵はハッと思い出し、返すことばを失います。怒った亀は、みんなを河の中に投げ出してしまいました。なんとか東岸に泳ぎ着いた一行は、気を取り直して、濡れたお経を乾かし、そこにある陳家荘という村で、歓待を受けます。この村は、往路でも通り、妖怪から村の娘を救ったところでした（第四七回のエピソード）。今回来てみると、一行を祀るお寺が建てられて、四人の像まで作られていました。あまりに熱烈なる歓待に困り果て、夜逃げをしようとしたところに八大金剛が現われ、ふたたび一緒に空路にて大唐国への帰路につきます（ここまでが九九回）。

長安の上空まで来たところで、八大金剛が心配して、こう言います。

「八戒が地上で遊びほうけて、天竺に帰るのが遅れるのではないか？」

すると八戒は、こう答えます。

「師匠が仏になるんだから、おれだって仏になりたいんだ。そんな欲はおこさないよ！」

その約束どおり、八戒は地上に下りても、なんらトラブルを起こさず、大唐国にお経をもたらすと、みんなは空路、ふたたび天竺に戻り、如来仏の前に出ます。そこで如来は、かれらに、それぞれ天界での役職を与えるのでした。三蔵には〈栴檀功徳仏《せんだんくどくぶつ》〉、孫悟空には〈闘戦勝仏《とうせんしょうぶつ》〉、八戒には〈浄壇使者《じょうだんししゃ》〉、沙悟浄には〈金身羅漢《こんしんらかん》〉、白馬には〈八部天龍《はちぶてんりゅう》〉という役職が、与えられます。

ここで八戒だけが、あろうことか、如来に対して不満を申し述べるのです。

「どうしてあたしは、師匠や兄貴のように、仏になれないのです？」

なるほど、三蔵と悟空の役職には「仏」の一字が入っていますが、八戒のにはそれがありません。

それに対して、如来はこう答えます。

「おまえは胃袋がばかでかい。〈浄壇使者〉というのは、仏壇を浄《きよ》める仕事。つまり仏壇の上に供えられた食べ物が食い放題という役職なのだぞ。これこそは、おまえにぴったりの仕事であろうが？　なんで不満がある？」

それを聞いた八戒は、何もことばを返しませんでした。

全一〇〇回という長大な小説の中で、とりわけ饒舌であった猪八戒の、最後のことばが、さきほどの「どうしてあたしは仏になれないのです？」なのでした。如来のことばは、なるほど「食いしん坊」の八戒にはぴったりの配慮のようにも見えます。ならば八戒の無言は、いったい何を意味しているのでしょうか？　かれは、無事に任務を終えたあかつきには、晴れて仏になりたいのだという願望を、はっきりと表明していたではありませんか。そんな八戒が、ほんとうにそれで納得したのでしょうか？

八戒いじめのテーマ？

さて、ここで少し時間を巻き戻して、第九九回の、陳家荘を再訪した場面を、もういちど読んでみましょう。そこには、次のような気になる記述があるのです。

陳家荘の人たちは、かれらをごちそうで大いに歓待するのですが、凡俗を脱した一行にとっては、俗界の食べ物は、すでに食欲の対象ではなかったようです。三蔵も箸をつけただけ。なんと八戒までが食欲がない――とはいえ、精進料理の八皿や九皿、饅頭《まんとう》の二〇や三〇はたいらげるのですが、それでも八戒的には、かなり食欲が減退していたのでした。

悟空が、からかい半分にたずねます。

「あほう、おまえも食べないのか？」

八戒「どうしたわけか知らんが、急に胃袋が弱くなっちまったんだよ」

村人は、あとからあとからごちそうを運んでくる。

八戒「ちぇっ、ついてねえや！　たっぷり食える時にはだれも食わせてくれねえのに、いま食えなくなると、次から次へとごちそうがやって来るんだから……」

そうであるならば、如来が「おまえにぴったりだ」といって授けた「浄壇使者」という役職は、このときの八戒にとっては、さほど魅力的なものではなかったということになりませんか？　如来の説明に対して、なんの反応もできなかったのは、〈納得〉や〈満足〉のためではなく、〈絶望〉もしくは〈諦念《あきらめ》〉によるものだったのではないでしょうか？

『西遊記』全一〇〇回という長い長い小説は、壮大なる「猪八戒いじめの物語」であると言えるのかもしれません。なにしろ、「大団円」として、みんながハッピーになって締めくくられるべきお話の中で、ひとり八戒だけが、「仏になりたい」と宣言していたのにもかかわらず、これに失敗し、いわば人生の挫折を味わったまま、そのまま幕となってしまうのですから。

演劇ならではの処理

『西遊記』を読み、八戒の挫折と絶望のくだりに及んで涙を流さぬ者がいたとしたら、それはまさに禽獣と変わらぬやつであると申せましょう。

さて、小説ならば、読者がひとり枕を濡らせばそれでよろしいのですが、もしこれが『西遊記』のお芝居だったらどうでしょう？

清代の宮廷で作られた、『西遊記』の長大な演劇の脚本があります。この脚本の該当部分を読んでみますと、実は小説とは違う展開になっているのです。如来から「おまえにぴったりだろう」と説明された八戒は、なんと、そのことばに納得してしまうのです。

「食う楽しみがあるなんて、こいつはステキだ！」と言って。

一九八六年に作られたテレビドラマの『西遊記』があります。『西遊記』のテレビドラマはたくさんありますが、これは最初期のもので、当時の多くの中国人に『西遊記』物語のイメージを植え付けた、重要な作品です。この最終回を見てみますと、やはり如来の説明を聞いた八戒は、ひとこと、こう言っているのです。

「なんだ、そいつはいい役職じゃないか。仏さんも、おいらのことを、ちゃあんと考えていてくれてんだね！」

これらは、演劇上の処置なのでしょう。お芝居では、最終回において、八戒をめぐるモヤモヤを残したままにすることが、好ましくないと判断されたのでしょう。そのためには、八戒に、「如来のことばに納得した」という意味のひとことを言わせれば、それで解決するのですから。ちなみに、二〇一〇年に作られたテレビドラマ『西遊記』（八戒役は謝寧）でも、八戒は如来の説明に満足し、長々とお礼を述べる場面が加えられていました。

このように、演劇の世界では、不満不平を残してはならないという磁場がはたらいて、八戒の挫折という、人間の探究にとってきわめて興味深い、しかし、むしゃくしゃを残すテーマは、削除されてしまったのです。われわれはやはり、小説を手にして、さらに精読する必要があるようです。

四　饕餮よ永遠に

〈食うこと〉で駆動する物語

中国の物語には、「食うこと」がらみの事件によって、展開していくものが多いような気がいたします。例えば、わりと有名な小説には、次のような場面を見いだすことができます。

『三国演義』の第四回。董卓の刺殺に失敗した曹操は、逃走して、父の友人、呂伯奢の世話になる。伯奢は、曹操をもてなすべく酒肴を買いに行く。夜になり、曹操は呂家の者が庖丁を研いでいる音を耳にして、伯奢が自分を捕らえるつもりかと疑っていると、「縛って殺せ」という声が聞こえてくる。そこで曹操は、伯奢の家人八人を皆殺しにしてしまう。よくよく見ると、厨房には一匹のブタがつながれていた。「縛って殺せ」とはブタのことであった。曹操は、伯奢をも殺して逃走する。

『水滸伝』の第三回。貧しい父娘をいじめている肉屋の鄭(鎮関西)に怒った魯智深は、朝から肉屋に入り、鄭にあれこれ無理難題を言いつけて、肉を切らせる。怒った鄭は、魯智深とケンカとなり、魯智深は鄭を殴り殺す。

『西遊記』の第七一回。妖王賽太歳《さいたいさい》は、悟空と戦い、形勢不利と見るや、「ちょっと休憩。おれはまだ朝飯を食っとらんのだ。食ってから勝負をつけようぜ」と言う。

『梁武帝演義』の第六回。魏の兵から逃れ、山に隠れていた王国珍は、腹が減り、食い物を探していると、イノシシを見つける。捕まえようとすると、一人の牧童が現われた。王は事情を説明し、イノシシを探しているから邪魔するなと言うと、牧童は笑って、「じゃあ、おまえを捕まえて魏に引き渡してやろう」と言い、二人は戦いになるが、いずれも譲らず、勝負がつかない。王は言った。「おれはとにかく腹が減っているのだ」。すると牧童は、「よし、わかった。ちょっと腕試しをしただけさ。おれの家でメシにしようじゃないか」。二人はイノシシを見つけて牧童の家に行くと、その母に料理してもらい、仲良く食べた。二人は義兄弟の契りを結んだ。

さて、猪八戒は、こんなことを言っています。

「兄貴、こいつはいけませんヨ。こんな火の中にもぐっていちゃあ、とてもじゃないが、命はない。この八戒さんなんざあ、こんがり焼けた焼ブタにされちゃって、薬味なんぞを塗られた日にゃあ、やつらのごちそうになっちまうよ。逃げろや逃げろ！」(第四一回)

八戒も永遠に

八戒は、みずから「食うもの」であると同時に、ブタという、「食われるもの」でもあることを、十二分に認識しているようなのでした。食う食われるによって駆動する物語の中で、そのような緊張の上を楽しく綱渡りしながら、最後に八戒は、「食うこと」の復讐を受け、最大の挫折を味わうのでした。小説『西遊記』はそれでおしまいとはあいなりますが、八戒の物語は、どうやらそこからまた新たに始まるようです。『西遊記』には、現在にいたるまで、無数の続編やサイドストーリーが、絵本や漫画、映画やテレビドラマなど、さまざまな形で作られていて、それらには、八戒が天を飛び出してから始まるものが少なくないからです(図5-3〜8)。

ある作品では、如来のことばがやっぱり気に入らず、下界に飛び出して、新たな冒険を求めたり。またあるものは、八戒に結婚をさせたり、はたまた子供を作らせたり孫を作らせたり……。八戒に

図 **5-3**　八戒(絵本『猪八戒奇遇鬼怪妖』1981 より)

図 **5-4**　八戒(絵本『猪八戒喫西瓜』1980 より)

図 **5-5**　八戒(絵本『猪八戒自封斉天仏』1981 より)

図 **5-6**　八戒(絵本『猪八戒種地』1980 より)

図 5-7　八戒(絵本『猪八戒招禍狂犬谷』1982 より)

図 5-8　八戒(絵本『猪八戒路拾金元宝』1981 より)

は、どうにかして、ささやかな「しあわせ」を手にしてもらいたいと願う中国人が、けっして少なくないからなのでしょう。そのような『西遊記』の後始末とも言える作業は、これからも、まだまだ続いていくようです。

【読書案内】

武田雅哉『猪八戒の大冒険——もの言うブタの怪物誌』三省堂、一九九五年。

今回のお話は、この本に書いた内容を短くまとめたものです。さらに詳しくは、こちらをお読みください。
武田雅哉『猪八戒とあそぼう！　絵本・演劇・造形』歴史民俗博物館(歴博ブックレット)、二〇〇二年。

猪八戒が、絵本や造形の中で、どのようにもてあそばれてきたか、ビジュアルでお楽しみください。
『西遊記』全一〇冊　岩波文庫(中野美代子訳)。

いちばん長い『西遊記』の全訳です。ホンモノに触れたければ、この版でお読みください。

第六章　ロシア文学における食の風景

大西郁夫

一　パンの「白黒」——白いパンと黒いパン

ロシアでは大切なお客さまを迎えることを「フレプ・ダ・ソーリ」と言います。もとの意味は「パンと塩」です。いわば最も大切なものを差し出すから「歓迎」になるのでしょう（図6-1）。

しかしひとくちにパンと言ってもこれが案外曲者で「白黒」をつけなければいけません。ロシアには白パンと黒パンがあるからです。その違いはまず原料によります。白パンは小麦、黒パンはライ麦から作られます。小麦は黒土地帯と呼ばれるロシア南部・ウクライナで多く採れる南方系、ライ麦は寒さに強く荒れ地でも育つ北方系ということになります。現代ではただフレプ（＝パン）と言うと黒パンを指します。パウンドケーキほどの型で焼かれた酸味のあるしっとりとしたパンです。

図6-1　儀礼用のパン(カラヴァイ)。中央に塩入れがある。

一方白パンにはいくつも種類があり、コッペパンのような小型のもの、フランスパンに似たもの、バターなどで味を付けたものなどさまざまです。ただこれが文学に登場すると単に味や地域ではすまない問題となります。

例えばドストエフスキーがシベリアで入獄した体験をもとに書いた『死の家の記録』(一八六一～六二年)では囚人たちがしょっちゅう白パンを買うことが記されています。お上から支給されるのは黒パンですから、白パンは囚人に許されたささやかな贅沢＝自由というわけですね。同じドストエフスキーの『罪と罰』(一八六六年)の中にはこんな科白もあります。

ええ、ええ、気性が烈しく、自分を曲げない誇り高い貴婦人です。床も自分で洗い黒パンに甘んじていますが、無礼な真似は許しませんよ。(ドストエフスキー『罪と罰』)

こう語るのは飲んだくれのマルメラードフです。自分は酒飲みで失業者だが、妻カテリーナは良家の生まれで誇り高い女なのだと訴えているのです。幼い三人の子どもを抱え、収入もない上、夫は先妻の娘ソーニャが娼婦として得たわずかな金も酒につぎ込んでしまう。一家はそんな境遇ですから、貧の極みが黒パンということになります。こうして見るとドストエフスキーはあまり黒パンが好きではなかったのかもしれません。ともあれこのようにパンの色は貧富を表す意味を持っているのが分かります。ゴーリキーの『二十六人の男とひとりの女』(一八九五年)はもう少し手が込んでいます。これはクレンデリという八の字型の白パンを焼く工場で働いている二六人の職人の物語です。彼らは低賃金で劣悪な労働環境に置かれています。だからでしょう、自分たちの労働の産物を食べるどころか憎んでいるほどで、もっぱら黒パンを食べています。

くる日もくる日もおれたちは、粉埃、中庭から自分たちの足にくっつけてきた泥、ねっとり息苦しいパンの匂いの中で捏ね粉をひねり、自分たちの汗の混じったクレンデリをこさえていたので、そんな仕事をはげしく憎み、自らの手から生まれたクレンデリを食べることはなく、黒パンの方を喜んだ。(ゴーリキー『二十六人の男とひとりの女』)

このパン工場には別の作業場があり、味の付いた高価な白パン(ブールカ)も焼かれています。そこに新しい職人がやってくる。こちらは仕事も楽で給料もよいのでしょう。だから新入りの職人はお洒落を自慢し、女の子をものにする腕前を二六人に吹聴するのです。彼らのクレンデリを求めて毎日やってくるのが、工場二階の裁縫店でお針子として働くターニャです。彼女の来訪はみじめな職人たちの唯一の慰めであり、彼女をめぐって小説は展開していくのですが……。ひとりひとりの名前さえ与えられていない底辺の労働者を集団として主人公にしたこの小説では、パンの種類が労働者間の格差や、労働の産物を味わうこともできない疎外の状況を描く記号になっています。

では黒パンは悪いイメージばかりかというとそうではありません。文脈次第で意味が変わることもあります。貧／富という物差で見れば否定的な意味でも、ロシア／外国という物差で見れば、ロシア人にとってソウルフードともなるのです。プーシキンは『エルズルム紀行』(一八三六年)の中でこんなふうに書いています。

翌日朝早くわれわれは先に進んだ。トルコ人捕虜たちが道路工事をしていた。彼らは給付される食べ物に不満を漏らしていた。ロシアの黒パンにはどうしても慣れることができないのだ。それで友人シェレメチェフがパリから戻ったあと言った、こんなことばを思い出した。「パリでの暮らしはそれこそひどかったぞ。食べるものが何もない。黒パンが手に入らないのだ」
(プーシキン『エルズルム紀行』)

パンひとつ取ってもずいぶんややこしいですね。ともあれ食べ物のような生活に関わるものが具体的にどういうものであり、どう扱われていたか、地域や時代によってどう違っていたのか、そういうことを知っていると作品への理解が深まるのは間違いないことでしょう。文学の用語ではそんな問題を「レアリア」と言います。リアルとかリアリティともとは同じ言葉でとりあえず「実態」とでも訳せるでしょうか。

二　ロシア文学に現れる食――レアリアとして

ロシア文学を読んでいるとそういうレアリアの中で日本にはなじみのないものが出てきて、戸惑うことがありませんか。

例えば「クワス」という飲み物がそうです。ゴンチャローフの例を見てみましょう。夏のさなか昼寝から目覚めた百姓がのどの渇きをうるおすシーンです。

またあるものは、なんの前触れもなく素早く両足で寝床から立ち上がると、まるで貴重な時間を惜しむかのように、クワスの入った柄杓を摑み、浮いているハエを向こう側に吹き寄せる、するとそれまでじっとしていたハエどもは事態が改善するかとうごめきはじめる。男はのどをうるおし、そのあと撃ち殺されたみたいにふたたび寝台に倒れ込むのだった。（ゴンチャローフ『オブローモフ』一八五九年）

ハエは嫌ですが、いかにも渇きが癒されそうですね。クワスは麦芽汁や黒パンそのものから作る発酵飲料です。風味づけに果汁やホップなどを加えることもあります。原料の麦芽汁に糖分があり、発酵で酸味が生じるので、ほんのり甘酸っぱい飲み物です。麦芽にホップというとなんだかビールのようですね。実はビールと同系統の飲み物でわずかにアルコール分（一・二%以下）を含みます。自家製で作るのも簡単なので、農民などが好んで飲むものでした。トルストイの描く農民のお昼ごはんにも登場しています。

旦那を前にした遠慮はもうすっかり消えて、百姓たちは中食の準備をしていた。あるものは川で手を洗い、若い連中は水浴びをし、あるものは休憩の場所をしつらえ、パンの入った包みを解いて、クワスの入った水差しの栓を抜いた。老人がカップに黒パンを砕き入れ、さじの柄で捏ねると、砥石箱から水を注ぎ、さらに黒パンを切り取り、塩をかけてから、東に向かって祈りを唱えた。

「さあ、旦那、わしのチューリカ（チューリャ：パンで作った汁）を召し上がれ」カップの前に膝をついて彼はそう言った。（トルストイ『アンナ・カレーニナ』一八七五〜七七年）

ちなみにここに登場したチューリカ（チューリャ）は黒パン、塩と水で作られる即席スープで、水の代わりにクワスや牛乳を入れることもあります。飲み物のくせに「食わす」なんて名前ですが実

図6-2　A. モロゾフ画「喫茶」(1904年以前)

は料理の食材としても用いられるのですね。クワスにキュウリ、ネギなどの野菜を刻み込むとオクロシカという冷製スープになります。クワスは現代でも広く用いられています。さすがに自家製ではなく工場で作るのですが、スーパーやキオスクにはペットボトルが並んでいますし、夏の公園に行くとカップ売りのスタンドが立っています。

クワスの他にロシアの小説では紅茶を飲む場面が多いと思いませんか。それもやたらとガブガブ飲みます。朝も飲むし、食後にも飲む、旅人が宿に着いたらまずお茶、さらに外にまで持ち出して飲みます。そういう場面で必ず出くわすのが「サモワール」という道具の名です。お茶を入れる道具ですからポットのようなものでしょうか。確かにサモワールは「サム＝自分で」と「ワリーチ＝沸く」という言葉が結合してできた名称ですからいわば「自動湯沸かし器」です。しかしどうして電気もガスもない時代にポットみたいにお湯が勝手に沸いたり、外へ持ち出したりできたのでしょう。それはこういう仕組みです。サモワールは図6-2の左端にある道具です。サイズは大小あり金属製で胴太の形が多く見られます。横に蛇口がついていますが、ここから紅茶が出てくるわけではありません。紅茶は上に置かれたティーポットに入っているのです。サモワール内部の真ん中が煙突状になっていて、その底に炭や木片を入れて火を燃やします。周りの胴体部分には水が入っていて、沸いた湯を横の蛇口から出し、ティーポットの中の紅茶を好みの濃さに薄めて飲みます。取っ手がついているのでどこにでも持ち運べるし、何杯もお代わりできるわけですね。ロシアでは一七世紀に中国から陸路でお茶が入ってきたのですが、当時はとても高価なものでした。しかしその後まず貴族を中心に広まり、一九世紀末には貧しい農民にまで普及して国民飲料となりました。現代でもロシアは紅茶輸入国として世界有数です。ただロシア人が紅茶を好むようになったのは、単に味や香りが気に入ったというより、それを囲んで会話やつながりを生み出すサモワールという道具の効用だったのかもしれません。ちなみにサモワールはクワスと違って電気やガスの普及とともに姿を消したのですが、最近ロシアでサモワールのように上部にティーサーバーを置く形の電気ポットが出現したようです。お里は争えないものです。

ロシア料理と言えばピロシキはご存じですね。日本のパン屋さんでよく見かけるのは、ひき肉とたまねぎをつめた揚げパンのような食べ物ですね。でも本家のロシアでは少し違っています。揚げたものもありますがオーブンなどで焼くぱりっとしたものの方が多く、サイズももっと小型です。中身もさまざまです。肉もありますが、魚入り、卵入り、米をミルクで煮たもの、さらにはいろいろなジャムをつめた甘いものもあります。それはそれとして、よく似た名前のピローグという言葉にぶつかったことはありませんか。ピロシキの一種かなと勝手に想像して、読み飛ばしたりしそうです。でも間違いではありません。どちらも練り粉に具を包んで焼いた料理です。ロシアは昔も今も農業大国で粉食文化が発達しているのですね。ただしサイズがずいぶん違います。ピローグはいわば大型のパイで切り分けて食べるものです。一方ピロシキは掌に収まるぐらいのサイズが多く、料理に添えたり、前菜として出したり、あるいはちょっとお茶のときにつまんだりするのです。言葉の上でもピロシキは複数形で、ひとつだけ食べるものではなかったことが分かります。単数形はピロジョークと言いますが、もとは「小さいピローグ」という意味になる指小形という語形です。例えばピローグは小説の中にどう出てくるでしょうか。

お昼にはザハールが、あちらのピローグを試しに食べないかと尋ねに来た。おかみさんが勧めるよう命じたと言う。

「今日は日曜なんで、あちらではピローグを焼いたんです」

「ふん、さぞ結構なピローグだろうよ」ぞんざいにオブローモフは言った「玉ネギとニンジン入りかな」

「ピローグはオブローモフカ村のに負けんです」とザハールは述べる「ひな鳥の肉と摘みたてのキノコ入りで……」

（中略）

五分後、脇の部屋からオブローモフに向かって前に見たショールにかろうじておおわれたむき出しの腕と皿が突き出され、その上でほかほかとピローグの大きなひとかけらが湯気を立てていた。(『オブローモフ』)

実は小説の第一部、主人公の幼年時代を描いた「オブローモフの夢」という章ですでに「キノコを詰めたピローグ」が登場しています。つまりこのピローグはありふれたピローグと違って彼の故郷と結びついているのです(だから食べてみようとなるわけです)。オブローモフはロシア文学史上名だたる怠け者です。引っ越しも旅行も億劫でできないどころか、役所に書類を出すこともできないほど社会生活から離れてしまった人間です。いつか故郷に戻ってのんびり田舎暮らしを楽しみたいと夢見ているのですが、それは二重の意味で不可能です。なぜならペテルブルグの住まいを引き払って故郷に帰るなどというのは彼の手に余る大仕事だからです。そして彼の思い描く故郷などは実はもうどこにもない、いわばユートピアだからでもあります。なぜなら故郷の田舎だって時代に応じて変わってしまっているわけですから。結局どこへも動くことができず、彼は時代に取り残されたように「おかみさん(=家主)」である未亡人アガーフィヤのそばに留まることになるのですが、ピローグという小道具はそんな彼の将来を予感させるものになっています。ピロシキの例も見てみましょう。ゴーゴリにこんな描写があります。

さあ、このピロシキをどうぞ！　こっちはチーズ入りで、こっちはウルダ（山羊乳のチーズ）入りですよ。それにこっちはアファナーシイ・イワーノヴィチの大好きな、キャベツと蕎麦の実のカーシャ入り！（ゴーゴリ『昔気質の地主たち』一八三五年）

ゴーゴリは遊び心あふれた絢爛たる文体が特色で、この小説は彼の故郷ミルゴロドを舞台にのんびり暮らす老夫婦を描いています。その世界は質素ですが豊かです。多分材料は自分たちの畑や森、家畜などから採れるものだけなのでしょう、でも美味しそうなご馳走がいっぱいです。ところが奥さんのほうが突然亡くなり、と物語はその後暗転するのですが……。それにしてもいろいろなピロシキがあるものですね。この小説ではその他、朝ひと仕事終えれば「ケシの実入りピローグ（ケシの実は甘くしてあり、アンコのようですね）や塩漬けルィジク（キノコの名）」をつまみ、中食の後も西瓜を食べ、その他「野いちご入りワーレニキ（＝茹でピロシキ、水餃子に似ている）」なども登場します。いろいろありすぎて何が何やら分かりません。もちろんきちんと調べる読み方もありますが、楽しく物語を味わっているとき、いちいち注釈が入ると、なんだか出来立ての料理におあずけを食らったような気がします。

先ほどレアリアということを書きました。それが分かれば小説の理解が深まることは確かです。でも逆に言えば切りがないことも事実ですね。二百年近く前のロシアのことについて、何から何まで調べるわけにもいきません。ところが文学、特に小説というのは不思議なジャンルです。ひとつの作品の中にさまざまな情報が詰め込まれています。登場人物の生活ぶりや考え方をいろんな形で示されると、その人物の思いがどう事物に投影されているかも推測できる。ですから背景となるレアリアを知らなくても、逆に小説の中からその事物(ここでは食べ物)が何を示しているかを推測することができるようになっているのです。小説とはイメージを作ったり修正したりする作業を、たえず読者にさせるように書かれており読まれているとも言えるでしょう。ゴーゴリの描く山羊乳のチーズなんて、実は私も食べたことはありません。だからレアリアとしては分かりません。でもゴーゴリの他の作品を読んでみると、こういう豪奢な食卓を描くのは決まって田舎の生活の場であることが分かります。例えば同じゴーゴリの作品でも都会の小役人を主人公とした『外套』(一八四二年)では主人公の食事はこう描かれているだけです。

家に帰るとすぐ、そのままテーブルにつき、手早く自分のシチーをすすり、玉ねぎをそえた牛肉を一切れ食べるのだが、味にもまったく気づかず、ハエでも何でもそのときたまたまくっ付いていたものをいっしょに食べるのだった。(ゴーゴリ『外套』)

してみるとゴーゴリがことさら豪奢に食べ物を描くのは、素朴だが豊かで、もてなし好きな田舎のイメージを示したいのでしょうか。いくつかの作品を比べなくても構いません。トルストイの次のような描写はどうでしょうか。

「プランを変更しないか、リョーヴィン」彼〔＝オブロンスキー〕はメニューに指を止めて言った。彼の顔には真剣なためらいが浮かんでいた「牡蠣は上物か、間違いないな？」

「フレンスブルグ産でございます、閣下、オステンド産はございませんで」

「フレンスブルグ産ならフレンスブルグ産でいいが、新鮮かね？」

「昨日入荷したものです」

「それならまあいいか、牡蠣から始めてその後はプラン全体を変更しないか、ね？」

「ぼくはどっちでもいい。ぼくにはシチーとカーシャがいちばんなんだが。でも、ここにそんなものはないだろう」

「カーシャ・ア・ラ・リュス（ロシア風カーシャ）をご注文ですか」乳母が子どもを見るように、リョーヴィンの上にかがみ込んでタタール人の給仕が言った。

「いや、冗談抜きで言うよ。きみが何を選んでも結構さ。スケートをしたから腹が減ってるんだ」オブロンスキーの顔に不満げな表情が浮かんでいるのに気づき、彼は付け加えた「ぼくがきみの選択を評価してないなんて思わないでくれよ。喜んでたっぷりいただくよ」。

「そうこなくっちゃ。なんと言っても、これは人生の楽しみのひとつだからな」ステパン・アルカージッチ〔オブロンスキー〕はそう言うと「さて、ねえきみ、牡蠣を二十個、いや足りないか、三十個と根菜のスープを……」〔トルストイ『アンナ・カレーニナ』〕

レアリアや説明抜きでも二人の人物の対比が浮かんできませんか。オブロンスキーは小説のいきなり冒頭で妻に浮気がばれて狼狽している人物です。女主人公アンナの兄で、モスクワでかなりの位にある役人を勤めていて、享楽的で精力にあふれた好人物ですが、少しだらしないところがある。一方のリョーヴィンは田舎住まいが好きな地主貴族で、女性に対したときも臆してしまう純情さの残る、世慣れないところのある青年です。この場面では、外国からの輸入品ですからおそらくは高価な牡蠣を二十個、いや欲張って三十個も頼んでしまうオブロンスキーの贅沢なグルメぶり、それに対して高級レストランには置いていないような料理の名をあげるリョーヴィンの素朴さが好対照ですね。だからシチーとカーシャを具体的に知らなくても、素朴な料理(肉じゃがみたいな?)なんだろうなと、なんとなく伝わってくるのではないでしょうか。そしてこの二品は相性がいいのでしょうね、同じ組み合わせでこの小説の別の箇所にも出てきます。

リョーヴィンが自分の馭者を呼ぶため百姓小屋に入ったとき、彼は家族全員の男たちが食卓についているのを見た。女たちは立ったまま給仕をしていた。若いがっしりした息子が、カーシャで口を一杯にしながら、滑稽なことを話し、全員が大声で笑っていた。とりわけオーバーシューズを履いた女が茶碗にシチーをよそいながら楽しそうにしていた。

オーバーシューズの女のきれいな顔立ちがリョーヴィンに与えたこの農家の印象に大きく作

用したというのは、多いにありそうなことだった。しかしその印象はとても強く、彼はどうしてもそれから離れることができなかった。（『アンナ・カレーニナ』）

農民の食事を彩るシチーとカーシャはロシアの伝統食で「シチーとカーシャはわれらの食事」という言い回しもあるほどです。せっかくなのでちょっとレアリアにも戻っておきましょう。シチーはキャベツや発酵キャベツ（＝キャベツの漬物）を主食材とした煮込み料理です。他の野菜やときには肉を入れることもありますが、基本はキャベツです。ロシアの煮込み料理といえばボルシチが思い浮かびますが、これはウクライナが起源で、ロシア人にとってはシチーの方が古くからある料理です。カーシャは、粒あるいは挽き割りの小麦やライ麦、そばの実などさまざまな穀物を使った煮込み料理です。粥とよく訳されますが、粥というより濃厚なスープのような感じで、バターをのせるのが味の決め手です。どちらもいわばロシアのおふくろの味ですね。

またレアリアに戻ってしまいました。確かにレアリアという「知識」はロシア文化への入り口としておもしろいものですが、小説の流れから読み取ることができる「意味」もまた興味深いとは思いませんか。というのも本来、登場人物たちは小説の中の存在ですから、別にお腹なんかを空かせずにもっと重大そうな議論をしたり人生について考えていればいいはずではありませんか。でもここまで見てきたように、作家たちは小説の中で食事のことをけっこう描写しているのです。

三　小説における食べ物の描写——社会的記号として

ロシアからアメリカに亡命したワイリとゲニスという二人組の文芸批評家が比較文明論的エッセイ『亡命ロシア料理』（一九九五年）を書いています。その本自体もおもしろいのですが、ここではその本に寄せた序文（残念ながら邦訳では割愛されています）の中でレフ・ローセフという哲学者・歴史家が書いていることを見てみましょう。

……長いあいだ食事を通した暗喩は文学では下品と見なされてきたが、（中略）駄洒落のようで申し訳ない、ロシア文学はロシア料理をその糧としてきた。古典的傑作の不朽の登場人物たちと私たちの交友は食卓の上で結ばれてきたわけである。読書しながらものを食べるという私たちの悪い癖の話ではない。食習慣が登場人物の社会的、民族的、心理的な肖像の欠くべからざる一部だという意味でなのだ。（レフ・ローセフ「料理の詩学」ピョートル・ワイリ、アレクサンドル・ゲニス『亡命ロシア料理』への序文）

ローセフの言うとおりなのですが少し文学史的な補足をしておきましょう。ロシアで今日われわれが読むような小説が盛んになりはじめるのは一八三〇年前後です。ひとつには同時代を描くという関心が強まるからです。つまり自分たちの現在の問題をとらえたいという欲求です。さらにこの時期フランス文学の影響で、庶民や都市の下層社会への注目が始まり、ロシアでオーチェルクと呼ばれるルポルタージュ文学や「生理学もの」と呼ばれるジャンル(本来の生理学とは関係がありません、いわば見たまま観察したままを記述しましたよというスタイルのジャンルです)が流行していきます。そして実証主義と呼ばれる合理的・科学的思考への関心の高まりも、知的関心全般の傾向として見逃せません。小説の描き方にはこういう流れが反映してきます。自分たちを思わせる登場人物たち、自分たちの日常のような場面が取り上げられ、登場人物の内面や性格を直接語るのではなく、さまざまな外面的特徴を通じて描き出すやり方が定着していきます。その結果一八四〇年代半ば頃には、登場人物の容貌や服装、室内のインテリアや道具、乗り物、彼らをとりまく風景といった細部が好んで描かれるようになりました。それは観察と分析を方法とする実証主義や科学の文学バージョンと考えてもいいかもしれません。ですから食事や食べ物・飲み物はただなんとなく描かれているわけではなく、何らかの意味を担っていると考えてよいでしょう。いくつかのケースを考えてみましょう。

ひとつは食べ物のイメージと人物の性格を結びつけるやり方です。何を食べているか、飲んでいるかによってその登場人物の性格を示すことができるわけです。例えばチェーホフの『殻に入った男』(一八九八年)です。

「ベリコフは僕と同じ建物に住んでいたんです」とブールキンは続けた「同じ階で向かいのドアです。ぼくらはよく顔を会わせましたよ。だから彼の家での暮らしぶりを知っているんです。家でも同じですよ。ガウンにナイトキャップ、鎧戸にかんぬき。禁止や制限が山ほどあって、そして例の、何か起きなきゃいいが、という文句。精進料理は体に悪い、でも精進破りは食べられない、というのもベリコフは精進を守っていないと言われかねないですから。それで彼はバターで炒めたスダーク(淡水に住むスズキ科の魚)を食べていましたよ。精進ものではないが、精進破りとも言えませんからね」(チェーホフ『殻に入った男』)

ここで話題にされているベリコフは、他人のことは批判する一方、自分は世間体を取り繕うことに腐心する人物です。その姑息な性格と食事の中途半端さが対応しているのですね。ちなみにここでは「精進」ということばが出てきました。身を浄めるために肉食を断つことです。革命前のロシアは敬虔なキリスト教国でしたので、大きな祭日の前には肉食を断つ時期が設けられていたのです。またツルゲーネフの『父と子』(一八六二年)(原題は『父たちと子たち』つまり世代間対立を描いています)にも印象的な細部があります。この小説で子の世代を代表するバザーロフは科学だけを信じ、神も倫理も認めない医学生です。父の世代を代表するのはパーヴェル・キルサーノフ。彼は弟の領地で食客として不本意な生活を送っており、品位や礼節を重んじるジェントルマンで、価値観の違いからバザーロフと衝突します。その彼が自分ひとりだけ飲むのが緑茶です。普通飲むのは紅茶ですから、緑茶は東洋趣味の少しお洒落な飲み物で、わざわざ買うよう命じなければなりません。洗練されているけれど偏屈、そんな性格がこの緑茶への嗜好に表れているのです。こんなふうに食べ物と人物の性格は関連づけられているわけで、先ほどの『アンナ・カレーニナ』のオブロンスキーとリョーヴィンもその良い例でしょう。

またストーリーの展開に関わる場合もあるでしょう。場所や時間を設定することにも食事は用いられます。しかも「朝に」と書くよりは「朝食で」と書く方が場面が具体的で生き生きします。そういう方法の中で注目しておきたいのは食事が人を集める働きを持っているという点です。登場人物を一カ所に集めて、葛藤を演じさせるのにもってこいです。ドストエフスキーはその方法を好んだようです。『罪と罰』では先ほどのマルメラードフの追善供養(＝お葬式の後の饗応)、『カラマーゾフの兄弟』(一八七九〜八〇年)では僧院で行われる会食を描いてそこに登場人物を集合させ口論へと発展させています。

登場人物の気分を反映する場合もあるでしょう。ツルゲーネフの『貴族の巣』(一八五九年)の主人公ラヴレツキーが帰郷する場面です。

フョードル・イワーノヴィチ(ラヴレツキー)は村を通ってみた。女たちは頬杖をついて、自分の家の敷居から彼を眺めていた。男たちは遠くからお辞儀をし、子供たちは逃げていって、犬どもが淡々と吠えていた。とうとう彼は空腹になった。彼は召使いたちとコックの到着を待っていたが、晩になりそうだった。食料を積んだ荷馬車はまだラーヴリキ村から着いていなかった。アントンに頼まざるを得なかった。アントンはすぐに支度をした。年老いた鶏を掴まえ、頸を刎ね羽根をむしった。それをアプラクセーヤが下着を洗濯するように、鍋に入れる前に長い時間こすって洗った。やっと鶏が煮えると、アントンはテーブルの用意をし、食器の前に三本足の黒ずんだ銀メッキの塩入れと円いガラスの栓と細い首のついたカットガラスの水差しを置いた。それから歌うような声でラヴレツキーに食事の用意ができたと報告した。そして自分は右手をナプキンでくるみ、イトスギの木に似た古くさいような強い匂いを発しながら、彼の椅子の後に立った。ラヴレツキーはスープを味見して、鶏を取り分けた。皮全体がおおきなぶつぶつにおおわれていた。太い筋がどちらの脚にも通っていて、肉は材木と灰汁の味がした。（ツルゲーネフ『貴族の巣』）

彼は長らく領地を離れていたのですが、外国で妻の不倫を知り、不実な妻を置いて領地に戻ってきたところです。厳しかった父も亡くなっており、領地の屋敷には留守番の年老いた召使いしかいません。そんな状態にある彼の孤独と索漠とした心境が、このいかにも不味そうな料理から伝わってきます。

そして主人公の生活水準や社会環境を示す指標としても描かれます。もう一度『オブローモフ』

を引きましょう。

シュトリツはテーブルに着きながら眉をしかめた。イリヤの日〔=名の日・誕生日〕を思い出したのだ。牡蠣、パイナップル、ジビエ。だが今彼が目にしているのは厚ぼったいテーブルクロス、栓がないので紙が詰めてある酢と油の容器。皿の上に載っているのは黒パンの大きなひと切れ、フォークは柄が曲がっていた。オブローモフには魚スープが出され、シュトリツには挽き割りとひな鳥のスープが出された。それから固いタン、続いて羊肉だった。赤ワインが出た。シュトリツはグラスに半分注いで試し、テーブルに置くとそれ以上は飲もうとしなかった。イリヤ・イリイッチ〔オブローモフ〕はスグリ葉漬けウォトカをグラス二杯続けざまに飲み干すと、むさぼるように羊肉に取りかかった。

「このワインはどうにもならない代物だよ」とシュトリツが言った。（『オブローモフ』）

長くなるので少ししか引きませんが、この前段でオブローモフの「名の日」の豪華な食事が描かれています。しかしその後オブローモフは知人に騙されて借用証書を書かされ、収入のほとんどを巻き上げられ一気に困窮に陥ります。そこへ親友のシュトリツがたずねてきて……というのがこの場面です。このあとシュトリツの機敏な奔走によってオブローモフは窮境から救われ、食事も再びご馳走に戻るのですが……この小説では食事場面だけを追っかけても主人公の運命の変転が分かるほどですが、このあたりでやめておきましょう。

このように一九世紀の小説以来、食べ物や食事の場面は登場人物や状況を描き出す方法として用いられてきました。つまり食べ物の描写は社会的な記号としての機能を持っていたと言えるでしょう。もちろんこうした方法は二〇世紀以降の小説にも引き継がれます。ブルガーコフの『犬の心臓』(一九二五年)を見てみましょう。

「だめ、だめ、だめ」執拗にボルメンターリは言った「どうぞ、ナプキンをお付け下さい」

「なんなんだよ、本当に」と不満そうにシャリコフはぶつぶつ言った。

「ありがとう、ドクター」とフィリポ・フィリポヴィチが愛想よく言った「ぼくはもう注意するのにうんざりだ」

「ともかく、付けるまでは食事をさせない。ジーナ、シャリコフのオードブルを取り上げなさい」

「取り上げなさい、とはどういうことだ」とシャリコフはしょげ返った「すぐに付けるよ」

彼は左手でジーナから皿を庇い、右手でナプキンを襟に突っ込み、床屋の客のような姿になった。

(中略)

ジーナが七面鳥を運んで来た。ボルメンターリはフィリポ・フィリポヴィチに赤ワインを注ぎシャリコフにもすすめた。

「おれはいらない。おれはウォトカを飲む方がいい」彼の顔は脂ぎり額には汗が浮かんで、陽気になりはじめた。ワインを飲んだのでフィリポ・フィリポヴィチも少しやさしい気持ちになった。彼の眼ははっきりしてきて、好意的にシャリコフを眺めた。その頭はナプキンの中で輝いていた。まるでスメタナ（サワークリーム）の中に浮いたハエのようだった。（ブルガーコフ『犬の心臓』）

舞台はこれが書かれた一九二〇年代のモスクワすなわちロシア革命が起こって数年後という頃です。世界的な脳科学者で若返り術の権威プレオブラジェンスキー教授（フィリポ・フィリポヴィチ）とその助手ボルメンターリはひょんなことから不慮の死を遂げた浮浪者の脳下垂体と性嚢を犬に植え込む実験をします。若返り効果の実験だったはずが、なぜか犬がどんどん人間化してしまいます。しかも脳下垂体の持ち主のもとの性格のためか、粗暴で身勝手で貪欲な人間が出現するのです。さらに「自分はプロレタリアートだ」と称し、教授の広い住まいを削減しようと狙う共産党員シボンデルと組んで、教授の生活をぶちこわし、次々と無茶な要求をするようになるのです。この場面はテーブルマナーもわきまえないシャリコフ（プロレタリアートの粗暴な面が強調されています）と革命以前の生活を崩さない知識人との対立が、ウォトカとワインという酒の格差や飲み方に託して描かれているのです。

作家たちはこうした社会的記号を意識的に用いて作品を構築してきたのですね。こんなふうに食に焦点を当てて作品に埋め込まれた細部を丹念にたどるのは楽しく、また小説の世界を味わう意味深い作業であることは間違いありません。とはいえこうした細部はあくまで部分的なものにとどまることも事実です。社会的記号としての役割を担っているのは食事だけではありません。登場人物の容貌や衣服、住居やそれらをとりまく自然、風景といったものも同じような働きを持っています。小説の言語は多様に絡み合い、おたがい補強し合って意味を響かせているものですから、食事だけが特別重要とは言えないのが本当のところでしょう。

四　食が重要な小説二題――『羨望』と『モスクワ－ペトゥシキ』

もちろんもう少し大きなレベルで、食べ物、飲み物が主題や方法にまで関わる小説もないわけではありません。

『犬の心臓』と同じ頃オレーシャが書いた『羨望』（一九二七年）ではソーセージが重要なシンボルとなります。新時代を体現するバービチェフは一介のソーセージ職人から身を起こし、今や新生ソ連で、お菓子の包装から食品輸送にいたる、食に関する全分野で指導的立場にある人物で、衛生的で安価な「新しい完璧なソーセージ」の開発と栄養満点で効率的な「二十五カペイカ食堂」網を全国に展開することに心血を注いでいます。彼の企図の射程は実は食の分野にとどまるものではありません。工場で規格どおりに大量生産された食品を提供する「二十五カペイカ食堂」は女性を家事から解放し、社会的労働に参入させるという当時のソ連の政策と関わる問題でしたし、家族制度のあり方という社会の根幹にまでつながる「革命」でもあるのです。ですからこの作品では食に託して革命そのものが問われており、そのイメージがソーセージに収斂しているのです。このバービチェフに対立するのが、主人公のカワレーロフです。彼はバービチェフと違って社会に役立つことを何ひとつ見つけられず、できるのはバービチェフのような人々を羨望し嫉妬することだけです。この両者の葛藤が推進力となって物語は展開します。一見したところ、ネガティブな「羨望」という感情しかよりどころのないカワレーロフが、社会にとって有益で非の打ちどころのないバービチェフに敗北するのは当然のように見えます。事実、発表当時のソ連では旧時代の体現者であるブルジョワジー滅亡の物語という読み方もなされました。でもその後のスターリン独裁や東西冷戦、ソ連崩壊という歴史を知る後世のわれわれから見れば、むしろ『羨望』は、感情よりも理性や効率性が優先された新時代に対するオレーシャの一種の違和感として読むことができるでしょう。すぐれているはずの新時代のシンボルが、ソーセージという生々しさを持つ生理的欲求(食欲)と直結した物質で表現されている点に、オレーシャのどこか皮肉なまなざしが感じられます。

オレーシャやブルガーコフは文学に対するイデオロギーの統制が強まる一九三〇年代以降沈黙を余儀なくされます。しかし彼らは発表の当てもないまま執筆を続けていました(ロシアでは「机の中で書く」と表現します)。オレーシャの回想録『一行とて書かぬ日はなし』(一九六五年発表)とブルガーコフの代表作『巨匠とマルガリータ』(一九六六〜六七年発表)は、いずれも彼らの死後、六〇年代になってようやく日の目を見ることになります。

これらの作品が公表できたのは、スターリン独裁の後に訪れた「雪解け」という文化的緩和政策の時代のおかげでした。しかしそのあと再び思想的締め付けが強まり閉塞感が社会を覆うようになります。そうした時代に書かれ、ひそかに地下出版(サムイズダート)の形で回覧された作品がヴェネディクト・エロフェーエフの『モスクワ—ペトゥシキ』(邦訳『酔いどれ列車、モスクワ発ペトゥシキ行』)(一九六九年)です。ロシアですから最後はお酒で締めくくりましょう。

それにしてもこれは奇妙な小説です。物語の大枠は、モスクワにあるクルスク駅から近郊列車に乗って語り手でもある主人公ヴェーネチカ(これは作者ヴェネディクトの愛称でもあります)が一一五キロ離れたペトゥシキ駅に向かう、ということになります。そこは鳥が歌い花が咲き恋人と幼子の待つ一種の楽園のように語られます。しかしその恋人と幼子とやらも、果たして実在するのかどうか定かではありません。というのも主人公はすでに列車に乗る前からしたたかに酔っているからです。少し長くなりますが冒頭の部分を読んでみましょう。

クレムリン、クレムリンとみんなが言う。おれはみんなからそれを聞いたが、自分じゃ一度も見たことがない。酔っぱらって、でなきゃ二日酔いで、モスクワを北から南、西から東、端から端まで手当たり次第に何度も(千回ぐらいか)歩き回ったが、一度だってクレムリンにはお目にかかったことがない。

昨日だって見なかった。その辺りをひと晩じゅう歩き回っていたし、そんなに酔っていなかったのに。サヴョロヴォ駅に降りるとすぐ、手はじめにズブロフカを一杯、なぜなら経験上知っていたんだ、朝の水薬としてこれ以上のものは考えつかないって。

そうさ。ズブロフカ一杯。で、そのあとカリャーエフスカヤ通りでもう一杯、ただしズブロフカじゃなく今度はコリアンドゥロヴァヤ(コリアンダー)ウォトカ。ある知り合いが言ってたが、コリアンダーウォトカはヒューマニズムに反する作用をする、つまり身体がしゃんとして魂が弱るんだ。おれにはなぜだか反対のことが起こる、つまり魂が最高にしゃんとして身体は弱るんだ。もっともそれもまたヒューマニズムに反するってことには賛成だ。だからその場、つまりカリャーエフスカヤ通りでおれはジグリ・ビールをジョッキ二杯付け足して、アルブ・ド・デセール(ワイン)をラッパ飲みでぐいっとやった。

もちろん、あんたらは訊くだろうさ。で、それから、ヴェーネチカ、それからお前は何を飲んだ？　おれ自身にも何を飲んだかちゃんとは分からん。覚えているのは、おれはきっちり覚えているさ、チェーホフ通りでオホートニチナヤ(ハンター)ウォトカを二杯飲んだことだ。でも何も飲まずに、おれが環状通りを横断なんてできるか。できるわけない。つまり、おれはまた何か飲んだんだ。（エロフェーエフ『モスクワ―ペトゥシキ』）

さらに車中でも飲酒を繰り返す主人公の前には、天使や悪魔が現れたり、彼自身の理性と心が分裂して対話をしたりします。そして彼と同じく酔っぱらった怪しげな乗客たちと支離滅裂な会話が交わされます。そこには神話や聖書、哲学や文学作品、芸術といったモチーフが飛び交い、過去の文学作品や聖書の文句、あるいはソ連的スローガンや流行歌、映画などのアリュージョン(引喩)やパロディが満ちあふれています(正直、解読できる自信はありません)。それらがパッチワークかコラージュのように絡まり合いながら、終着駅ペトゥシキに向かって列車も物語も疾走していきます。ところがペトゥシキの直前でなぜか車両に誰もいなくなり、主人公は列車が逆走していることに気づきます。そして脈絡もなく出現した謎の人物たちに追われ出発点のクルスク駅に戻ってしまったヴェーネチカは、四人の男に取り囲まれ刺し殺されてしまうのです。さいわいこの作品にはロシア語で詳しい注釈が出ているので、ひとつだけ絵解きを紹介しましょう。終幕のこの四人は革命の指導者マルクス、エンゲルス、レーニン、スターリンの暗示だとの指摘があります。小説に「彼らの横顔には見覚えがあった」という表現があるのですが、それはこの四人のプロフィール(横顔)がしばしばソ連の新聞を飾っていたからなのです。同時にこの四人には聖書のヨハネ黙示録に登場する四騎士のイメージが重ね合わされているとも解釈されています。黙示録の四番目の騎士は蒼ざめた馬に乗った「死」ですから、なるほど符合しますね。こんなふうにソ連への諷刺と宗教的モチーフが複雑に重ね合わされています。

もちろんこんな荒唐無稽でしかも諷刺や宗教的暗示に満ちた作品がソ連体制の中で発表されるの

は不可能でした。だから地下出版で読まれていたのですが、その評価は高く幻の名作と呼ばれていました(一九七三年にイスラエルで公刊。ロシアではペレストロイカの後一九八八年に刊行)。

この小説の解釈はさまざまで決定的な答えはいまだにありません。小説全体を通して雪解け後に訪れた時代の閉塞感や停滞感が表現されているとか、主人公の形象にはイエス・キリストとその受難が重ね合わされており宗教的救済の希求を示しているとか、個々のエピソードがソ連に対する諷刺になっているなどです。どれも当たっているような気がしますが、ひとつ言えるのは、この物語を語るためには主人公＝語り手を酔っぱらいにしておく必要があったということでしょう。そうすることできちんと論理性を持った物語展開ではなく、イメージやモチーフのかすかなつながりをたどって物語を展開させることができるからです。そうした非論理的な断片性こそが作者の望んだものであったように思われます。まるで悪夢を思わせるような構成と文体は、明確な起承転結と分かりやすい文体を持つお行儀のいい当時のソ連の小説への異議申し立てのようであり、ポストモダン以前のポストモダン小説と言われているほどです。

実はそれ以上に気になることがあります。この作品では無闇と酒の名前が登場するのです。変なことを気にすると思われるかもしれませんが、ロシアの小説ではウォトカやワインなど酒の種類は出てきても、酒の銘柄が出てくることはほとんどありません。ところがこの小説では「ズブロフカ」「コリアンドゥロヴァヤ(コリアンダーウォトカ)」「クバンスカヤ(クバンウォトカ)」「ロシースカヤ(ロシアウォトカ)」「ストリーチナヤ(首都ウォトカ)」「オホートニチナヤ(ハンターウォトカ)」「スタールカ(古酒ウォトカ)」などさまざまなウォトカの銘柄、その他ワイン「アルブ・ド・デセール」やビール「ジグリョフスコエ(ジグリ・ビール)」、果ては怪しげなソ連式「カクテル」まで出てきます。ちなみにこのカクテルは販売されるまともな酒ではありません。アルコール規制で酒が手に入らなくなったアルコール中毒者は、溶剤にアルコールを用いたオーデコロンやシャンプー、果ては床磨きワックスまで飲んだと言われますが、そんなものを用いた「カクテル」を指します。ともあれ酒の、とりわけウォトカの銘柄がこれほど羅列されると、それらの間の意味的な区別ではなく羅列そのものに意味があるような気がしませんか。

フランスの思想家ボードリヤールは「モノ」と価値の関係についてこんなことを言っています。モノは元来使用価値(何に使われるか)と結びついていたが、次の段階として象徴価値(例えば勲章=ステイタス)と結びつく。そして現代では象徴価値さえ失ってモノとモノとの間の差異しか示さない記号として流通している。ボードリヤールは現代を生産ではなく消費が中心となった社会としてとらえ、そこでは必要に基づいて生産が行われていた以前の時代とは異なるシステムが生まれ、実体や主体といった概念の通用しない、記号としてのモノという別のルールに基づいた価値交換(=消費)が行われていることを指摘しているのですが、そんな社会観がどこかこの小説にも当てはまるような気がします。

現代消費社会を論じたボードリヤールを持ち出すのは場違いな気もします。というのも当時のソ連に消費文化などというものは事実上存在せず、物不足や買い物のための行列が当たり前だったたからです。好きなものを選んで買う、ましてや記号としての消費など、ありえないことだったでしょう。もちろんウォトカもたやすく手に入るものではなく、しばしば品不足になったり、店員が売り惜しみをして隠したりしていました。でもそこはさすがロシアです。酔っぱらいたちはなんとかして手に入れようとする、つまりどうにか流通はしているし、また生産地や工場によって銘柄も多様で、いわば数少ない消費物だったと考えられます。銘柄を並べ立てることができるものはウォトカや酒ぐらいしかなかったと言ってもいいかもしれません。ソ連に唯一存在した消費文化に似たもの、それがウォトカだったのではないでしょうか。もしそのウォトカの銘柄が味や産地の違いといった「レアリア」へのこだわりのために描かれるなら気にはならないのですが、他の小説ではお目にかからない饒舌ぶりでウォトカの名称が羅列されると、かえって奇妙な不安感やいかがわしさが湧いてくるような気がします。

そもそもこの小説では語られる中味がすべていかがわしいのです。語り手を待つ恋人と幼子の実在も疑わしければ、彼が見る天使や悪魔はアルコール中毒者の妄想のようですし、語り手や乗客たちの披露するエピソードはすべてひどく誇張されたグロテスクなもので、実際にはありえないようなことばかりです。そうした言語空間で持ち出されるそこだけ奇妙に具体的なウォトカの銘柄は、まるで「ウォトカ」という瓶に貼られたラベルのようです。語り手はあたかもその違いを誇示するかのように並べ立てるのですが、そのことでかえってそれらの銘柄がいわば本質的な差異を担わないただの記号にすぎないことを暴露してしまうように思えます。それはこれまで述べてきたこと、つまり文学作品において食の情景が果たしてきた社会的記号という役割のちょうど反対です。でも、なぜそんなことをする必要があるのでしょう。それはリアリズム文学というソ連で唯一許されていた文学システムへの反逆と言っていいかもしれません。リアリズム文学の中で描かれているもの(＝ことば)は、社会の中に実体があると通常考えられています。実体を反映しているからこそ社会的記号として通用するのです。でもこの作品では、ことばが実体そのものではなくそれにつけられた記号でしかないことがあぶり出されています。それに気づいてしまえば、次の疑念へはほんの一歩です。ひょっとしたらその記号に対応する実体など本当はないかもしれない。つまり確かな現実だと思っているものは、実は実体とは程遠いものなのではないかといった感覚です。そして当時のソ連とはそういう疑念を起こさせる社会だっただろうと考えられます。共産主義を達成するための力強い進歩、アメリカや西側に対するソ連の優位性など表向きは明るいスローガンに満ちていました。しかし市民生活は停滞し、思想的自由は制限を受けています。社会主義的建前と現実の乖離が大きくなった時代でした。雪解けで束の間の自由の空気を知り、ロシア軍のチェコ侵攻によって雪解けの終焉を感じたロシアの知識人たちは、すでにその欺瞞に気づいていたはずです。小説の中ではいつの間にか列車が逆走しますが、共産主義の達成という理想に向かって進歩しているはずの社会が実は二十年あまり後のソ連崩壊へと向かっていたわけです。そうした足元の崩れていくような、信じるに足る基盤のない不安感を、ウォトカのイメージの用い方や酔いのもたらす記憶の断片性で表現したのがこの『モスクワ－ペトゥシキ』であるように思われます。まるで悪酔いにも似た感覚をもたらすこの小説はけっして読みやすいとは言えません。しかしウォトカと文学という、まさにロシアならではの二つが結びついた奇妙な後味の残る作品であることは間違いないでしょう。

＊本文中の引用はすべて筆者の責によるものです。ただし多くの先行訳を参照させていただきました。記して謝する次第です。

【読書案内】

沼野恭子『ロシア文学の食卓』ＮＨＫブックス、二〇〇九年。
　ロシア文学と食の結びつきをとても幅広く、楽しく論じています。

沼野充義・沼野恭子著『世界の食文化十九　ロシア』農村漁村文化協会、二〇〇六年。
　古代から現代、ロシアや旧ソ連地域も含めた広汎な解説書。文学からの例も多い。

Ｒ・Ｅ・スミス、Ｄ・クリスチャン著、鈴木健夫訳『パンと塩――ロシア食生活の社会経済史』平凡社、一九九九年。
　一九世紀までのロシアの食文化の発展史。やや専門的。

Ｐ・ワイリ、Ａ・ゲニス著、沼野充義・北川和美・守屋愛訳『亡命ロシア料理』未知谷、一九九六年。
　食にとどまらない楽しく読める比較文化史。ロシア料理のレシピ本にもなります。

第七章　ブラジルにおけるサトウキビ生産の発展

仁平尊明

はじめに

ブラジルはサトウキビの世界一の生産国です。国連食糧農業機関の統計（FAOSTAT）によると、二〇一〇年のブラジルにおけるサトウキビの収穫面積は九〇八万haに達し、二位のインドとは二倍以上の差となりました。ブラジルのサトウキビは、主にエタノール（アルコール）と砂糖に加工されます。その他に、カシャーサ（蒸留酒）の原料となったり、最近では搾りかすのバガスが、発電に利用されるようになりました。これらの中で特徴的なのが、バイオ燃料としてのエタノールの生産です。ブラジルではガソリンスタンドでエタノールが販売されているほか、普通のガソリンにもエタノールを混入することが法律で義務づけられています。その割合は州によって異なりますが、二〇〜二五％に上ります。ガソリンとエタノールのどのような混合比でも走るフレックス車も普及しています。

エタノールは環境負荷の少ないエネルギーとして、世界的に注目されています。植物を原料とするエタノールを燃やしても、二酸化炭素の排出量はないものとして考慮されるので、サトウキビを原料とするエタノールの消費は、カーボンニュートラルと言われます。そのためエタノールは、地球温暖化防止の観点からは、化石燃料よりもすぐれたエネルギーとされています。燃焼時に排出される有害物質も化石燃料より少ないため、特に都市でのエタノールの使用は有効だとも言われます。ブラジルはアメリカ合衆国に次ぐエタノールの生産国であり、輸出量も増加しています。環境に優しいエネルギーと言われるバイオ燃料ですが、その生産の増加がブラジルにおけるサトウキビの作付面積を増加させ、林地や食料生産のための農地を減らしているという指摘もあります。

ブラジルの国土は八五〇〇万平方キロ(日本の約二三倍)もあり、農業をとりまく自然環境や社会・経済的な条件も地域によって異なります。サトウキビもブラジル全土で栽培されているのではなく、南東部(スデステ)と北東部(ノルデステ)に産地が偏っています。特に北東部の沿岸部では、ポルトガルの植民地時代からサトウキビの生産が続けられているので、サトウキビは連作障害を起こさない作物であると考えられています。しかし、ブラジルのサトウキビ産地に見られるサトウキビに特化した土地利用は、農業の持続性という観点からは何らかの問題があるように思われます。

サトウキビは光合成の効率が良く、熱帯の気候に適応したC4植物ですが、経済的な生産性を高めるためには、施肥や機械などの現代的な農業技術が不可欠です。そのため、土壌侵食や水質汚染などの心配が出てきます。また、サトウキビの産地では、エタノール製造時にできるビニャーサ（製糖工場残渣、ビニョートとも呼ばれる）を肥料として畑に散布する作業を見かけます。ビニャーサの散布は、カリ肥料としては有効ですが、溶脱による土壌化学性の悪変や、土壌の硬化をもたらす可能性も指摘されています。

このようなサトウキビ生産の発展に伴う課題に対して、私たちは持続的な資源活用を提案していく必要があります。私は、持続的な土地利用連鎖系を解明するための国際研究（ユーカリ林を組込んだ土地利用連鎖系による持続的土地利用の実証と体系化）の一環として、二〇一一年よりサトウキビとユーカリを中心にサンパウロ州の農業を調査してきました。本章では統計資料の地図化および現地調査で得られた資料をもとに、ブラジルにおけるサトウキビ生産の構造と今後の課題を紹介します。

ブラジルの州名とサンパウロ州の位置は図7-1に示すとおりです。現地調査を実施したサンパウロ州はブラジルの南東部に位置し、同国で最大の人口と経済を有する州です。州都であるサンパウロ市の都市圏人口は二〇〇〇万を超え、南半球一の規模を誇ります。サトウキビの生産者や製糖工場などへの聞き取り調査を実施したのは、ピラシカーバとその周辺の市です。ピラシカーバは、サンパウロ市から北西に約一六〇キロに位置します。サンパウロ州の中でも古くからサトウキビが生産されてきた地域であり、現在でもサトウキビ栽培が盛んな地域です。

ここで、ブラジルの農業に占めるサトウキビの概要を、国連食糧農業機関の統計により紹介しま

図 7-1　研究対象地域

す。二〇一一年における主な作物の収穫面積は、ダイズ(二三九七万ha)、とうもろこし(一三二二万ha)、サトウキビ(九六〇万ha)、豆類(三六七万ha)、水稲(二七五万ha)、コーヒー(二一四万ha)、小麦(二一四万ha)、キャッサバ(一七四万ha)、綿花(一四〇万ha)、オレンジ(八二万ha)という順になります。日本で最も広い水稲が一六三万ha(二〇一一年、作物統計による)なので、ブラジルにおける農業の規模の大きさがうかがえます。また、生産量では、サトウキビ（七億三四〇一万トン）、ダイズ（七四八二万トン）、トウモロコシ（五五六六万トン）、キャッサバ（二五四四万トン）、オレンジ（一九八一万トン）です。サトウキビの単収は一ha当たり七六トンに上り、野菜類や芋類を含めて、作物の中で最も高い値になります。

ブラジルのサトウキビは、製糖工場による生産（カーナプロプリア）と農家による生産（カーナデフォルネセドール）に区別されます。ブラジル農務省によると、二〇一〇年のサトウキビ生産量の五七％が製糖工場による生産でした。また、ブラジルサトウキビ産業協会（UNCA）によると、二〇一〇年度の砂糖の輸出量は二万七五〇〇トンで、国内消費は一万四〇〇トンでした。砂糖の主な輸出先は、ロシア（輸出量の一三％）、インド（八％）、イラン（六％）、アラブ首長国連邦（五％）、サウジアラビア（五％）でした。エタノールの国内消費量は二五五億リットルで、輸出量は一九億リットルでした。主な輸出先は、EU諸国（二二％）、韓国（二〇％）、アメリカ合衆国（一六％）、日本（一四％）、カリブ海諸国（八％）でした。日本は砂糖を主にタイとオーストラリアから輸入していますが、エタノールはブラジルから多くを輸入しています。日本に輸入されたエタノールは、味噌や醤油、酒、防腐剤、消毒剤などを生産するための工業原料となります。

一　ブラジルにおけるサトウキビ生産の展開

1　生産量の変化

一六世紀後半から一八世紀にかけてのブラジルは、砂糖の輸出が盛んで「砂糖の時代」と呼ばれました。当時は、北東部のペルナンブコ州とバイア州を中心に、ファゼンダと呼ばれる大農場でサトウキビが大量に生産されました。一八世紀中頃になると、イギリスをはじめとするヨーロッパで菓子を食べる習慣が広がり、ブラジルは砂糖の大輸出国となりました。一九世紀に入ると、インドやカリブ海諸国でもサトウキビの生産が増加し、ヨーロッパやアメリカ合衆国ではテンサイ糖が生産されるようになりました。一八八〇年には、ブラジルでは奴隷制が廃止されたこともあり、主な商品作物は砂糖からコーヒーへと変化しました。一九世紀から二〇世紀中頃までのブラジルの経済は、コーヒーのモノカルチャーとなり、「コーヒーの時代」と呼ばれるようになりました。しかし、サトウキビも大量に生産され続けていました。一九一二年に出版された *The world's cane sugar industry*(世界のサトウキビ産業)によると、ブラジルの砂糖の生産量は一九世紀の中頃に年間一三〇万トンに達し、世界全体の約一〇分の一を占めていました。サトウキビから生産される砂糖の歩留まりを一〇%と仮定すると、この値から推計されるサトウキビの生産量は年間一三〇〇万トンであり、二〇世紀中頃までの値とほぼ同じです。

一九二九年に始まった世界恐慌により、国際貿易が停滞し、石炭や石油の価格が上がりました。一九三一年にブラジル政府は、五％のエタノールをガソリンに混合することを法律で義務づけました。一九三三年には砂糖・アルコール院が設立されて、エタノールの増産に向けた支援が始まりました。ブラジルの農業センサスによると、一九二〇年におけるサトウキビの生産量は一三九九万トンだったのが、一九四二年には一七九二万トンに増加しました（図7-2）。当時、生産されたサトウキビのうち約一〇％がエタノールに加工されました。ブラジルでは伝統的に、大農場内の製糖所（エンジェーニョ）で、砂糖だけでなく、飲料用アルコールも生産してきました。そのため、世界恐慌でエネルギー品目の価格が高騰したときに、飲料用アルコールを工業用アルコールにまわすことが可能でした。

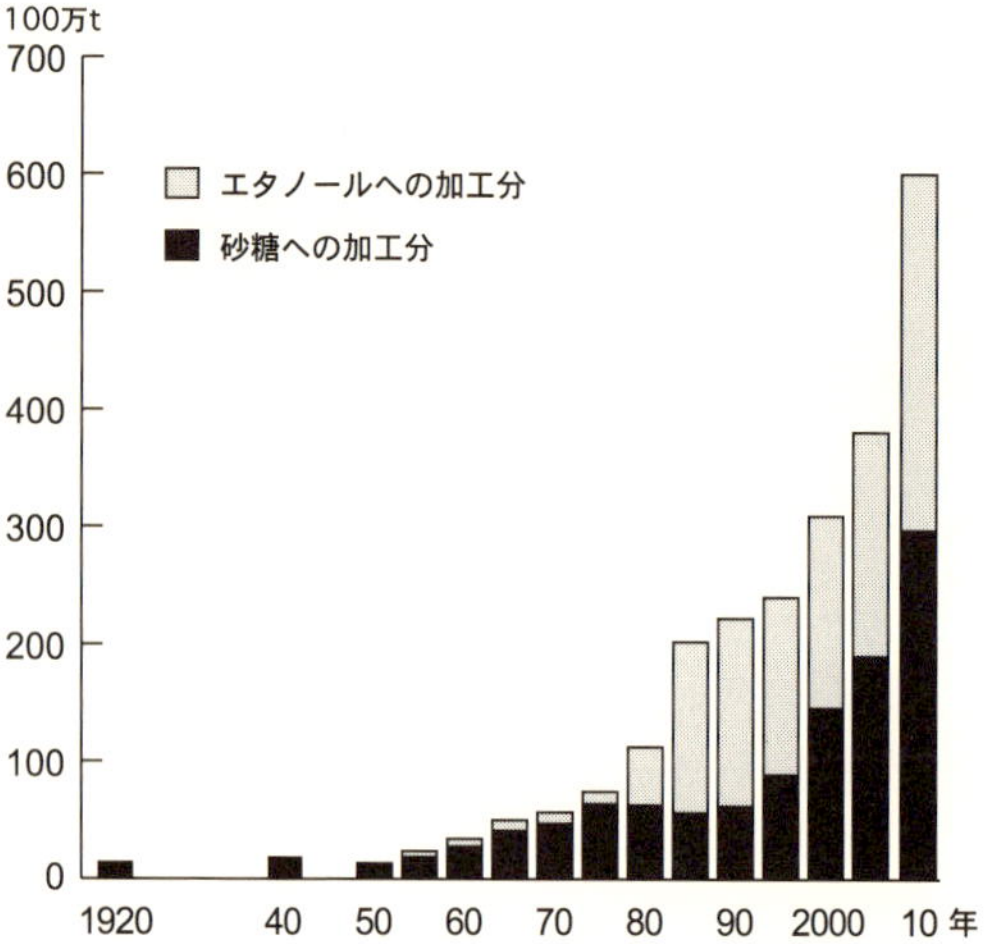

図 7-2　ブラジルにおけるサトウキビの生産量の変化
1950 年以降は砂糖年度（4 月～翌年 3 月）
出典）ブラジル地理統計院（IBGE）とブラジル農務省（MAPA）の資料より作成

エタノール生産に拍車をかけたのが、一九七三年の石油危機でした。ブラジル政府は、特定の産油国に生産が集中する化石燃料と異なり、国際紛争などによる価格の急騰が少ないエタノールの生産を支持しました。一九七五年に「アルコール計画」が実施されると、ガソリンへのエタノール混合率が一〇%に引き上げられました。また、政府によるサトウキビの全量買上、エタノールと砂糖の生産割り当て、近代的な製糖工場を建設するための補助事業なども施行されました。一九七九年にはフィアット社が、エタノール専用の乗用車をブラジルで最初に販売しました。一九八五年のサトウキビの生産量は二億二八七万トン(一九七五年の約三倍)に増加し、そのうちエタノールへの加工分が七二%に達しました。

一九八〇年代後半から九〇年代前半にかけて、サトウキビの生産量は横ばいになります。債務危機と超インフレにより経済が停滞したことや、コロール政権の新工業・通商政策により、砂糖・アルコール院が廃止され、政府買上などの優遇制度がなくなりました。一九九七年にはエタノールの価格も自由化されました。当時、ガソリンの国際価格が下がってきたことや、ブラジルでは海底油田の生産量が増加したことも、エタノール需要が停滞した要因になりました。しかし、一九九〇年代後半からは、サトウキビの生産量が急速に増加します。自由化の直後はサトウキビ生産は停滞しましたが、外国からサトウキビ産業への投資が徐々に増えてきました。例えば、砂糖とエタノールを生産する最大の企業はライゼングループですが、これはヨーロッパの石油メジャーであるロイヤルダッチシェルとブラジル企業との合弁会社です。

ブラジルの経済発展に伴って、国民の購買力が高まり、乗用車の所有率が高まったこともエタノール生産が増えた要因です。二〇〇三年には、フォルクスワーゲン社が、ガソリンとエタノールを混合して走るフレックス車を発売しました。ガソリンよりもエタノールの方が燃費が悪くなりますが、ガソリンの七〇%以下の価格であれば、エタノールの方が経済的です。エタノールの価格は州によって差があり、年による変動もありますが、サトウキビの産地であるサンパウロ州では安いので、多くの乗用車がエタノールで動いています。

ブラジルは、経済発展の著しいBRICSの一員として、世界の投資家の注目を集めています。エタノールだけでなく、砂糖も外国からの投資の対象になりました。製糖工場では新しい設備の導入により、砂糖の生産コストが下がりました。砂糖の国際的な競争力も高まり、その輸出量は世界の貿易量の半分を占めるまでに増加したのです。二〇一〇年におけるサトウキビの生産量は六億二二五万トン(一九七五年の八倍)となり、そのうち砂糖への加工分が四九%を占めました。

2　産地の変化

一九九〇年のブラジルにおけるサトウキビの収穫面積は四三二万haで、そのうちサンパウロ州が四二%、北東部の三州(アラゴアス、ペルナンブコ、パライバ)が二八%、ミナスジェライス州が七%、リオデジャネイロ州が五%を占めました(図7-3)。主な産地はサンパウロ州の中央部と北東部の海岸部で、後者が伝統的なサトウキビの産地です。

二〇一〇年におけるサトウキビの収穫面積は九一四万haへ増加しました。その内訳は、サンパウロ州が五五%、北東部の三州が一〇%、ミナスジェライス州が八%、パラナ州が七%、ゴイアス州

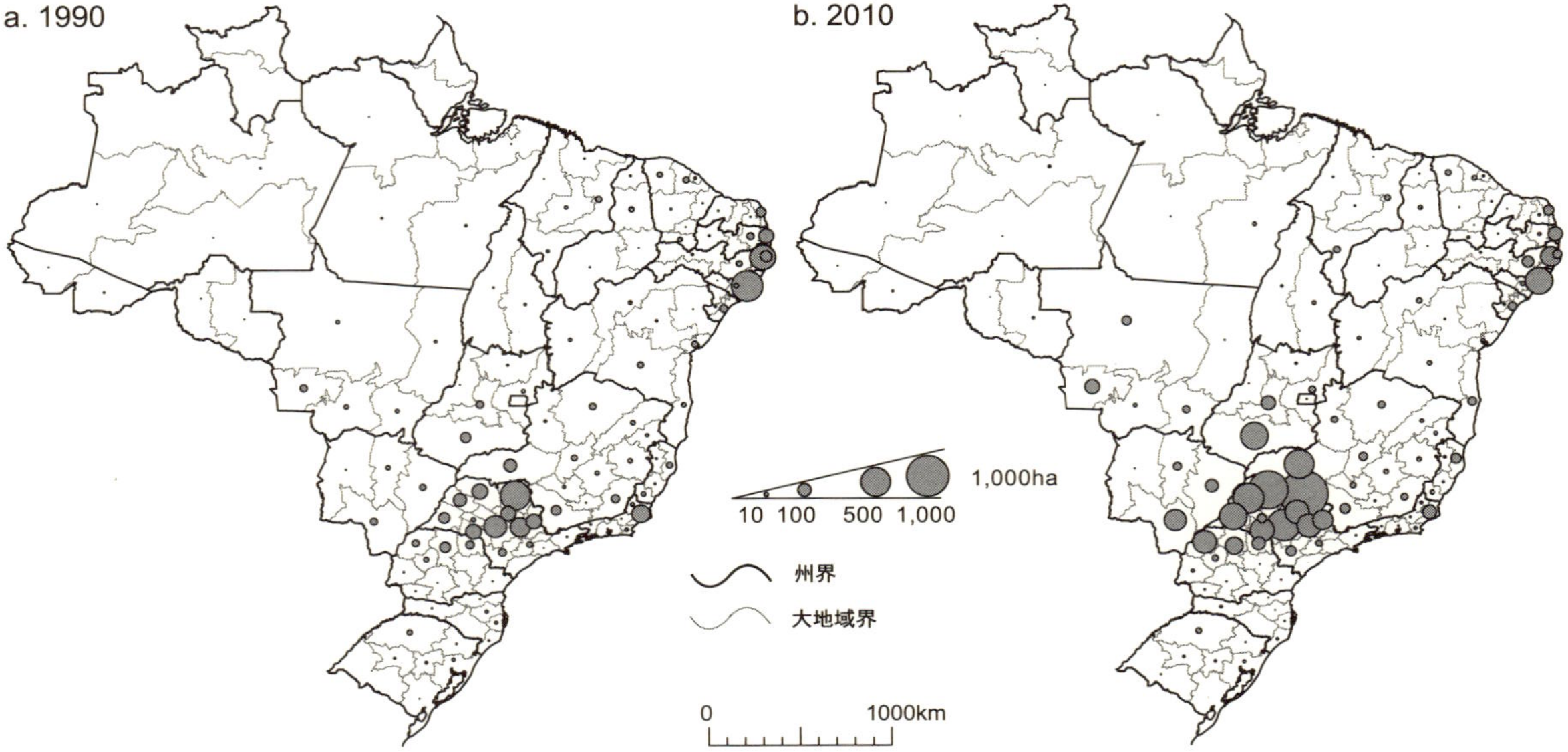

図 7-3　ブラジルにおけるサトウキビ生産量の変化

出典）ブラジル地理統計院の資料より作成

が六%でした。このように、近年のブラジルにおけるサトウキビ生産は、サンパウロ州と隣接する州において著しく増加しています。サンパウロ州西部から中西部地方にかけては、ブラジルにおけるサトウキビ生産のフロンティアになりました。サンパウロ州には、サンパウロ市をはじめとするエタノールの大消費地や、サントスなどの大輸出港もあり、サトウキビの生産・加工・流通に有利な地理的条件にあります。

南回帰線上にあるサンパウロ州の気候は、温暖で季節差があります。そのため、サトウキビの糖度(産糖量)が高くなるという利点もあります。ブラジル産のサトウキビの糖度は、二〇一〇年の平均で一トン当たり一三八キロでした。これは、沖縄県産の一トン当たり一一五～一二五キロよりも高い値です。サンパウロ州のサトウキビの収穫期は四～一一月になりますが、その間に、サトウキビの糖度は一トン当たり一二〇～一六〇キロと変動します。最も糖度が高くなるのは、乾季となる八月から九月上旬です。

二　サンパウロ州におけるサトウキビ生産の構造

1　農業的土地利用

サンパウロ州における農業的土地利用の変化を見ると、面積が増加しているのが、サトウキビと

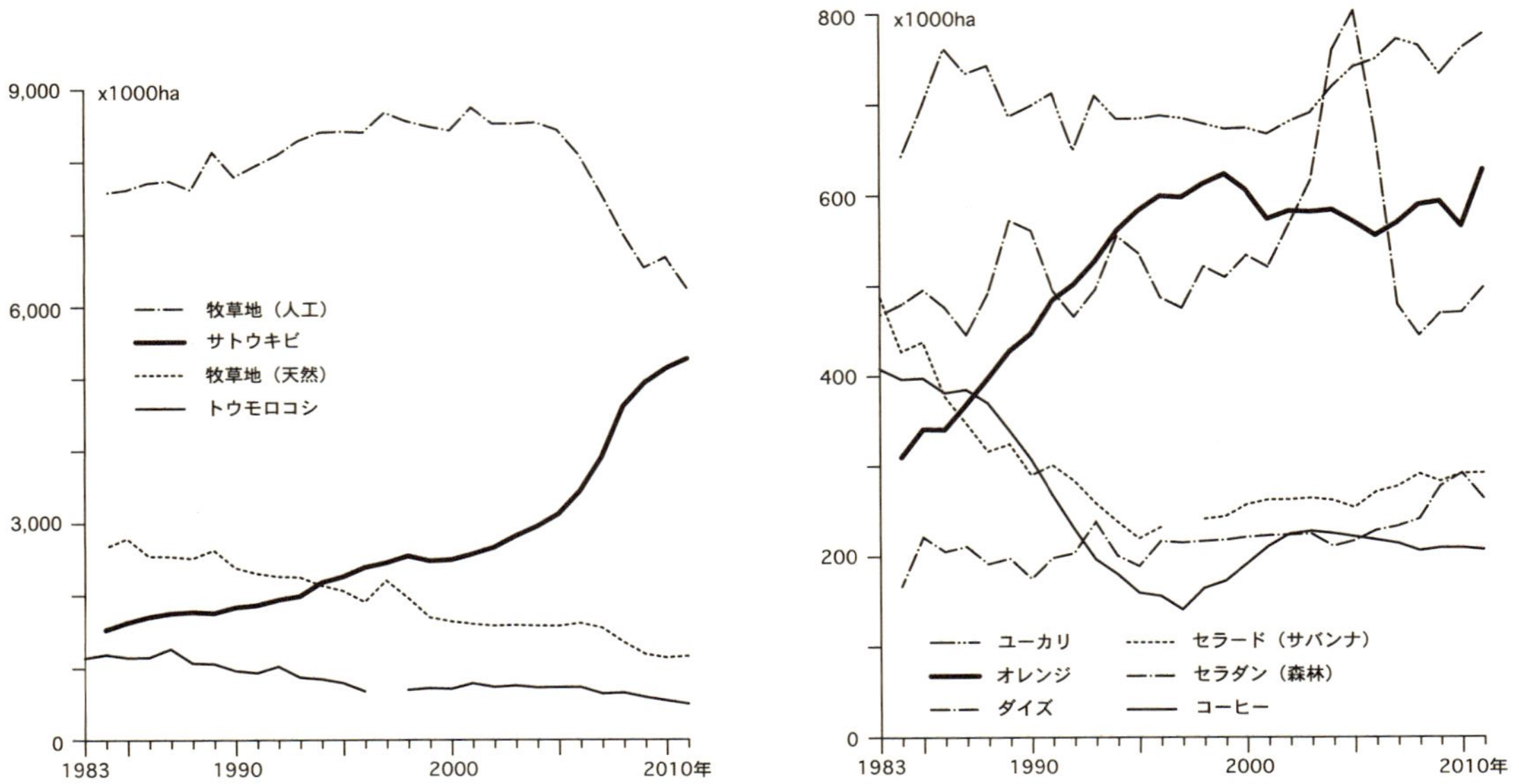

図 7-4　サンパウロ州における農業的土地利用の変化

出典）サンパウロ州農業経済研究所（IEA）の資料より作成

オレンジです(図7-4)。他の土地利用の増減から見ると、一九八〇年代から九〇年代前半にかけては、セラード(サバンナ林)、コーヒー、トウモロコシからの転換が多かったと推測できます。サトウキビは二〇〇五年以降に著しく増加していますが、これは主に人工の牧草地からの転換です。

海岸部よりも乾燥する州西部では、人工の牧草地による肉牛の肥育が盛んです。近年では、サトウキビの価格が良いことや、品種改良・機械化などの技術の進歩により、乾燥した西部にもサトウキビ生産が拡大しました。なお、ブラジルはインドと並んで牛の飼育頭数が多い国で、ミナスジェライス州とサンパウロ州、中西部(マットグロッソドスル州、マットグロッソ州、ゴイアス州)にかけて、牛の放牧が盛んです。ブラジルの牛は、ほとんどがインド系のゼブ(ネロール)です。天然の牧草地で繁殖した牛は、人工の牧草地で肥育されます。

オレンジの面積は、二〇〇〇年以降はほぼ横ばいです。ブラジルはオレンジジュースの世界最大の輸出国です。オレンジジュースの企業は、専用タンカーで濃縮したジュースを世界中に輸出しています。日本の輸入オレンジジュースの約八割がブラジル産です。農家への聞き取り調査によると、最近の先進国ではオレンジジュースよりもミネラルウォーターを飲む人が増えたので、オレンジジュースの需要は伸びないと言っていました。価格が安い時期には、オレンジは収穫されないで畑に放置されています。

セラードは一九九〇年代の中頃まで減少しましたが、最近では微増傾向にあります。それは、森林法が改正されて、農地開発が規制されたことが一因です。サンパウロ州が含まれる大西洋岸森林地帯（マタアトランティカ）では、農地の二〇％を保護地とすることが義務づけられました。セラードよりも密な林地であるセラダンは、農業に向かない傾斜地などに残されていましたが、セラードと同様の理由で近年では増加傾向にあります。

コーヒーは一九九〇年代半ばまで減少を続け、それ以降は横ばいになります。サンパウロ州は長年コーヒーの主産地でしたが、現在では北に隣接するミナスジェライス州の方が生産量が多くなりました。その理由として、コーヒーの国際価格が二〇世紀半ばから低下してきたこと、サンパウロ州は平坦な土地が多く、他の作物を栽培しやすいこと、ミナスジェライス州は霜害が少なく、標高が高いので、高品質のコーヒーを栽培しやすいことなどがあげられます。ブラジルは現在でも世界最大のコーヒーの生産国です。ブラジルのコーヒーは天日干しで精製されることもあり、味が濃くて、香りが少ないのが特徴です。

面積がほぼ横ばいの土地利用には、ユーカリとダイズがあります。ユーカリは、鉄道の枕木などに使用するため、一九六八年にブラジルに持ち込まれました。現在では、パルプ用と薪炭用が多く、人工林で栽培されます。ユーカリは成長が早く、パルプ用の品種であれば六〜七年で三〇メートルに達して、伐採されます。近年ではユーカリのパルプが輸出されるようになり、二〇〇〇年以降は面積が増加してきました。燃料用のユーカリも、製鉄のほか、農業施設や工場のボイラー、料理用の釜など、ブラジルでは広く使用されています。

ダイズもブラジルの主要な農作物です。現在のブラジルはアメリカ合衆国と並ぶダイズの輸出国となりました。生産の中心は中西部のセラード地帯であり、サンパウロ州では年変動は大きいものの、漸減傾向にあります。ダイズのほとんどを輸入に頼っている日本は、アメリカ合衆国でダイズが不作になったのを契機に、政府開発援助によりブラジルのセラード開発を支援してきました。しかし、現在のブラジル産ダイズは約九割が遺伝子組み替えであることや、赤茶色をした土の色がダイズについて質が低下するなどの理由から、日本へはあまり輸出されていません。

2　サトウキビの栽培方法

サトウキビの栽培方法には、新植（トレーテ）と株出し栽培（ソッカ）があります。新植では、苗（種茎）が畑に定植されます。その時期により、夏植えと冬植えがあります。夏植えは二〜四月に定植し、翌年の八〜一一月に収穫します。冬植えは八〜九月に定植し、翌年の九月に収穫します。雨季を二回経過し、栽培期間が長くなる夏植えの方が、サトウキビの産糖量が多くなります。夏植えの単収は一ha当たり一三〇〜一五〇トンに達し、冬植えよりも四〇トンほど多くなります。しかし、収穫の直後に定植する冬植えの方が、耕地の利用率が上がるため、夏植えよりも広く採用されています。

株出し栽培は、収穫後の株から伸びてくる芽を育てます。前の収穫から一〇〜一二カ月後に再び収穫されます。例えば、一一月に収穫された新植のサトウキビは、株出し栽培により次年の一〇月に収穫されます。さらに株出し栽培が続けられて、二年後には九月、三年後には八月というように、時期をずらしながら収穫されます。耕地ごとに収穫期をずらすことによって、サトウキビの生産者は、四～一一月にかけて収穫を分散させます。出荷先の製糖工場もこの時期に稼働します。株出し栽培の後には、地力を回復させたり、病害虫を予防するために、トウモロコシ、ダイズ、ラッカセイ、サツマイモなどが一回栽培されます。テラローシャなどの肥沃な土地で、サトウキビの収量が落ちなければ、サトウキビを連作することもあります。

株出し栽培の回数は、生産者や土地によって差があります。収穫にコンバインを使うような大規模な生産者では、一つの株から五～六回ほど収穫します。収穫を手刈りの業者に委託する小規模な生産者では、一つの株から一二回も収穫することがあります。重いコンバインによる機械収穫では、根が揺すられて、サトウキビへの負担が大きくなります。そのため砂地（ソロアレノーゾ）の耕地で機械収穫をすると、三回目で一ha当たり七〇トン以下まで収量が落ちてしまい、新植せざるをえない場合もあります。

しかし、手刈りの収穫では、大勢の労働者を雇用するため、生産コストが高くなります。また、手刈りの収穫の前には、労働者が作業しやすいように、サトウキビ畑に火を入れてきました。しかし、収穫直前の火入れは、微粒子の飛散による健康への被害、住宅地への延焼の危険性などの理由から、法律によって規制されるようになりました。例えば、役所への届出が必要であること、可能な時間帯は夜間だけであること、湿度が低い日には火入れができないこと、住宅地や送電線から遠隔地であること、延焼防止のためにタンク車を準備することなどです。さらに、二〇一七年には、すべての火入れが禁止されることになりました。

施肥と除草などの作業は、農家や耕地によって差がありますが、一般的な新植の場合、定植の二〇〜三〇日前に、石灰と石膏で土壌のpHを調整した後、一ha当たり四〇〇〜六〇〇キロの化成肥料を投入します。その成分比(N-P_2O_5-K_2O)は、10-30-10、5-30-5などです。定植直後には除草剤を散布し、約三カ月後に成分比20-0-20で一ha当たり三〇〇キロほどを追肥します。その後、シロアリや線虫用の殺虫剤を散布します。株出し栽培の場合、収穫から三〇〜六〇日の間に、雨の前後を避けて、一ha当たり四〇〇〜五〇〇キロの追肥を株横に散布します。その成分比は20-5-20や25-0-25などです。

サトウキビはすべて一代雑種の品種です。生産者が苗を入手する方法には、農協からの購入、クローン苗からの自家増殖、自家増殖農家からの購入などがあります。苗は、定植の直前に、二〜三節を残して、二〇〜三〇センチの長さで切られます。トラクターに取り付けた定植機で定植されますが、最近では自走式の定植機が普及してきました。植物工場で組織培養によって生産された四センチ程度のメリクロン苗を使用する定植機も登場しました。苗は定植から約四五日後に発芽し、三カ月後には約一メートルに成長します。収穫期の大きさは品種によっても異なりますが、茎長だけで二・五メートルにも達します。品種によっては、収穫期にススキのような花をつけるサトウキビもあります。

サトウキビの収穫機には、一条刈りと二条刈りがあり、それぞれに無限軌道式(キャタピラー)とタイヤ式があります。普及している一条刈りの三四〇馬力の型式では、タイヤ式で重量が約一六トン、基本価格は約九〇万レアル(約四千万円)に達します。高額なので製糖工場や一〇〇〇ha以上を生産する大規模な農家で使用されます。小・中規模の農家の多くは、手刈りの収穫業者に委託しています。収穫請負業者で働く多くの労働者は、サンパウロ州の収穫とは端境期になる北東部からの出稼ぎです。二〇〇八年までは六〇%のサトウキビが手刈りでしたが、火入れの制限が厳しくなったことや、製糖工場による収穫請負が増加したことにより、機械収穫の割合が増えています。

サトウキビの生産には、小・中・大規模のトラクターが使用されます。小規模なトラクターは七五~九五馬力であり、定植、土寄せ、収穫後の集葉作業に向いています。中規模のトラクターは一〇〇~一六〇馬力であり、主に施肥に使用されます。大型のトラクターは一六〇~二一五馬力であり、主に収穫物を入れた荷台(ファームワゴン)の牽引用です。これより大型のトラクターは外国からの輸入品で、中西部のダイズ産地では普及していますが、サトウキビ生産では使われません。GPSによるトラクターの誘導システムはオプションで、約四万レアル(一八〇万円)です。正確な施肥によりコストが削減され、一年半でGPSへの投資分が回収できると試算されています。内陸の新興産地では、二〇センチの深さにパイプを埋めた点滴灌漑も普及してきました。

サトウキビは、所有地(アチーボ)か借地(パッシボ)で生産されます。現地調査を実施したピラシカーバ周辺では、借地での生産が過半数を占めています。借地での生産者には、製糖工場と農家があります。一般的な借地料は、生産量の二〇%を地主の名前で販売することです。地主には、農家以外にも、会社や病院の経営者などがいます。製糖工場も、自らが生産するための農地を所有する場合もあります。ピラシカーバ周辺では、サトウキビの収穫面積の約六〇%が製糖工場による生産であり、残りが農家による生産であると見込まれています。

3　大規模農家

農家の事例では便宜的に、サトウキビの収穫面積が一〇〇ha以上の農家を大規模農家、九九ha～四〇haを中規模農家、四〇ha未満を小規模農家とします。日本では四〇haを耕作すれば非常に大規模な農家になりますが、ブラジルでは四〇ha未満または農業従事者が二人の農家は、小規模な家族経営農家として税金が優遇されます。本項では大規模農家の中でも、二〇一一年と一二年に聞き取り調査を実施した特徴的な二戸の事例を説明します。前者(農家A)は、借地によりサトウキビをほぼ専作する企業的な農家で、後者(農家B)は所有地でサトウキビとオレンジなどを複合的に生産している伝統的な農家です。

農家Aは、サトウキビを三〇〇〇haとラッカセイ二〇〇haを栽培しています。農地はすべて借地です。新植と株出し栽培によるサトウキビの収穫数は五～六回です。サトウキビの七〇%をカシャーサの醸造工場に販売し、三〇%を製糖工場に販売しています。サトウキビの売り上げは、サトウキビの重量と糖度から決められ、両方の工場とも基準は同じです。サトウキビの栽培方法と品種は、醸造用と砂糖・エタノール用とで違いはありません。所有するトラクターは二〇台で、すべてレンタルです。トラクターをレンタルする理由は、機械の価格は高くて変動することや、機械作業が必要な時期が限られているためです。農家の経営者は三十歳代の男性です。農家の従業員は、四月から一一月までの収穫期には三〇〇人で、それ以外は六〇人です。一二月から三月までの雨の多い時期には、一部の農地で定植をしますが、収穫はしません。

サトウキビの収穫は、大手の製糖工場に委託した機械収穫と、収穫請負業者に委託した手刈りの割合が五〇％ずつです。機械収穫では、耕地に廃棄される部分が多いため、手刈りよりも一ha当たり一〇トンほど単収が少なくなります。収穫の費用は、機械収穫が一トン当たり約一二レアル、火入れによる手刈りが約一四レアル、火入れなしの手刈りが約一八レアルです。二〇一二年六月には、火入れが急に禁止されたため、すべてを収穫できなくなる可能性が高くなりました。サトウキビの収量を一ha当たり一〇〇トンと想定したときの施肥量は、新植では窒素が一ha当たり五〇キロ、リン酸が一ha当たり二五〇キロ、カリウムが一ha当たり一二〇キロとなります。株出し栽培では、窒素が一ha当たり一〇〇キロとカリウムが一ha当たり一二〇キロとなります。新植時のみマンガン、モリブデン、亜鉛、ホウ素などの微量要素肥料を施用します。

農家Bは一五〇〇haの所有地で、サトウキビ、オレンジ、ゴム、ヤシを生産しています（図7-5）。サトウキビの面積は八〇〇haであり、主に農場の中央から東で生産されています。そこは起伏が穏やかで、サトウキビの機械収穫に適しています。農場は製糖工場に隣接しており、一九九〇年代までは、その工場にサトウキビを出荷していました。現在では、農家から一二キロ離れた中堅の製糖

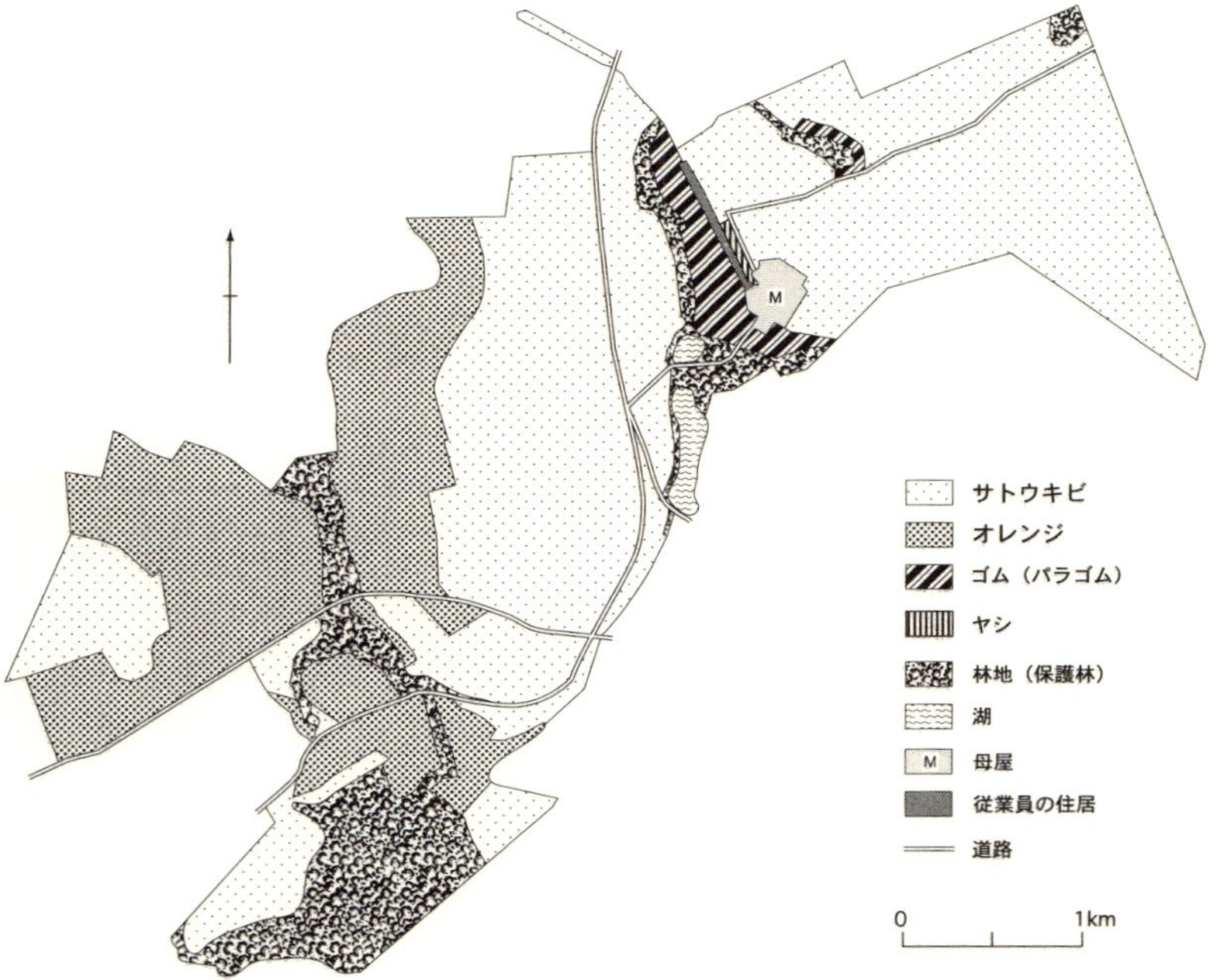

図 7-5　サンパウロ州における事例農家の土地利用(2012 年)

現地調査により作成。

工場に出荷し、収穫もそこに委託しています。オレンジの面積は四〇〇haであり、主に起伏のある西の耕地で生産されています。オレンジは一九八〇年代から九〇年代にかけて、コーヒーから転換したもので、ほとんどが加工用の品種です。

ゴムは、南北方向に走る谷沿いを中心に五〇haで生産されています。そのうち三〇haは一九八五年に植えた成木で、二〇haは増殖中の幼木です。オレンジとサトウキビに比べて、ゴムの価格が上がっています。ゴムの単収は一ha当たり三〇〇〇キロであり、販売価格は一キロ当たり三～四・五レアルです。アマゾン地方と比べて、サンパウロ州には乾季があるので、ゴムの病気が少なくなるという利点があります。ゴムは畝幅七メートルで植えられており、樹間でヤシが栽培されています。従業員の居住地に隣接する二haの畑にもヤシが植えられています。ヤシは植えてから四～五年で新芽(パルミット)を収穫します。それを瓶詰めに加工し、サラダなどの食材用として近隣の市場へ出荷します。

傾斜地や水源、谷の両岸三〇メートルの範囲を含めて、約二〇〇haが保護林に設定されています。眺めの良い湖に隣接して母屋があり、その北に一五棟の従業員の住居が細長く配置されています。この農家は、親類の四家族で共同経営されています。雇用労働力は約五〇人であり、特にオレンジ栽培に労働力を必要とします。一九九〇年代前半までは、湖でパクー(*Colossoma macropomum*)やピアウスー(*Leporinus macrocephalus*)などの淡水魚も養殖していました。

4　中・小規模農家

中・小規模の農家では、サトウキビの苗を生産したり、他の農産物との複合経営、あるいは加工販売により、収益を高める工夫をしています。本項では、そのような農家の事例として、林業と酪農との複合経営(農家C)とカシャーサの自家醸造(農家D)の事例を説明します。なお、私たちが調査を実施したピラシカーバ周辺では、農家の規模が小さく、サトウキビ栽培農家の八〇%が二五ha以下の小規模農家です。

農家Cは、九四haの所有地で、サトウキビと一一haのユーカリを栽培しています。その他に、二・四ha(一アルケイレ)の牧場で牛八頭とヤギ二二頭を飼育しています。サトウキビの収量は一ha当たり八三トンが目安で、それを下回ったら新植するようにしています。サトウキビの畑は三カ所に分散しますが、母屋に近い畑では株出し栽培により十一回も収穫しています。サトウキビの畝幅は一・四五メートルとしています。傾斜のある耕地が多いため、サトウキビの収穫はすべて手刈りです。株出し栽培には、成分比が19-4-19の肥料を一年に一回、一ha当たり五四〇キロの量で投入します。鶏糞も一ha当たり二トン投入するので、土壌改良資材としてのリン酸は使用しません。さらに四年に一回ほど、石灰を一ha当たり二トンで投入します。肥料は肥料工場から直接購入し、鶏糞は近隣の養鶏場から購入しています。

農業労働力は、農場主と二人の雇用労働力です。農場主の自宅は、農場から約六キロ離れた市街地にあります。この農家がサトウキビとユーカリの生産を始めたのは一九九九年でした。それ以前は農地のすべてが人工の牧草地で、肉牛を肥育していました。今でもサトウキビの耕地には、牧草(ブラッキアリア・ブリザンテ)が生えてくるため、除草剤を毎年散布しています。殺虫剤は、新植のときだけ散布しています。サトウキビの後には、インゲン豆(フェイジョン)を播種しますが、緑肥として植えるので収穫はしません。

農家Dは、八・五haの所有地でサトウキビを生産し、それを原料にカシャーサを蒸留しています。サトウキビは一つの株から平均で七~八回収穫します。五~六回しか収穫できない土地もあり、一〇回収穫できる土地もあります。サトウキビの栽培期間は、新植では一二カ月ですが、株出し栽培では一二~一八カ月としています。株出し栽培では、単収を上げるために、なるべく一四カ月以上栽培してから切るようにしています。サトウキビの後には、トウモロコシを一度植えますが、サトウキビを連作する土地もあります。所有する主な農業機械は、トラクターと積載機です。使用するトラクターは、一五〇馬力のマッセイファーガソン社製で、一回の運転で五〇〇キロの肥料または六五〇リットルの除草剤を散布できます。農家の経営者は、四十歳代の兄弟二人です。サトウキビの生産を始めたのは彼らの父親の代で、一九七四年でした。それ以前は、イネ、ワタ、トウモロコシを栽培していました。これらの中では、トウモロコシの収入が安定していました。

カシャーサは母屋に隣接する小屋で製造しています。その工程は、まず、発酵用の樽に糖度一七~一八度のサトウキビの搾汁液(ジュース)を入れます。発酵が進むと搾汁液の糖度は低下して、アルコールが作られます。糖度がなくなると、底層の二〇センチに溜まる菌を残して、上澄みを別の樽に移します。それを薪で焚いて八五度に熱し、水は加えることなく、アルコール度数四〇、四四、四八の三種類を蒸留します。四八度のカシャーサは、コップに注ぐと泡が出ます。一般のカシャーサは六カ月ほど寝かされますが、この農家では木陰の倉庫で一年以上かけて熟成させます。製造量の九五％はプラスチックの樽で熟成させますが、五％は木の樽で熟成させます。木の樽を使うと木の風味がつきますが、プラスチックの樽であればカシャーサ本来のまろやかな風味になるためです。その後、ジャトバ（*Hymenaea courbaril* L.）の実で薄い黄色に着色し、四・五リットルのガラス瓶当たり一二レアルで販売します。飲んだ後のコップに油のような膜が残る良いカシャーサです。カシャーサが最も売れる時期は、気温が低くなる六〜七月です。経営者兄弟はカシャーサの製造に長年興味を持ち続けていましたが、販売できるようになったのは二〇〇五年のことでした。

5　製糖工場

E工場は一九五六年に操業しました。当初は一〇〇〇トンのサトウキビを原料として、カシャーサを製造する醸造所でした。一九七〇年代に創業者の子が規模拡大し、サトウキビ六〇万トン（収穫面積換算で九〇〇〇ha）を原料として、カシャーサ、シロップ、エタノールを製造する近代的な製糖工場になりました。二〇〇九年には工場を拡大し、砂糖とエタノールの生産に特化しました。二〇一一年の生産量は、サトウキビが二五〇万トン、砂糖が二五万トン、エタノールが六万立方メートルです。主な販売先は、砂糖が国内外の飲料・食品会社であり、その中には日本の企業も含まれています。エタノールは、主に国内の飲料会社に販売されます。従業員数は九二〇名で、その内訳は農業部門が七七〇名、製造部門が一三〇名、事務員が二〇名です。

製糖工場は、市街地の郊外にのびる幹線道路沿いに立地しています。その敷地は一二万平方メートルで、そのうち冷却・排水処理池に二一三平方メートルを使っています。工場にサトウキビを搬入するのは、ホドトレン(道路の列車という意味)と呼ばれる全長三〇メートル程度の大型トレーラーであり、二つの荷台がついています。機械収穫ではサトウキビが四〇センチ程度に短く切られるので、トレーラー二台分の積載量は六〇～六五トンに達します(手刈りの約一・五倍)。荷下ろし場では、クレーンにより荷台が横倒しにされて、中のサトウキビがベルトコンベアーに落とされます。サトウキビは、泥や葉などを落とすために、サトウキビの搾汁液で洗われます。水で洗わないのは、糖分(スクロース)を溶かさないためです。

洗浄されたサトウキビは、細断されてバガスと搾汁液に分けられます。バガスは燃やされて、発電と搾汁液の濃縮に利用されます。この製糖工場では、二機の発電機で年間一六万メガワット時を発電し、工場の電力をまかなうほかに売電もしています。サトウキビの搾汁液は、濾過されて砂糖とアルコールの原料になります。熱されて水分がなくなった搾汁液は、茶色の粗糖となり、一二〇〇キロ入りの袋で販売されます。買い手の希望により、漂白したり、水を加えてシロップに加工される場合もあります。搾汁液を醸造して、さらに蒸留すると、含水エタノールになります。濾過の

図 7-6　製糖工場の収穫機械

出典）2012 年 8 月筆者撮影

過程でできる精製バガス（フィルターケーキ）と、蒸留の過程でできるビニャーサは、サトウキビの肥料にします。

この工場が集荷するサトウキビの面積は三万haです。そのうち一万二〇〇〇haが工場の生産で、一万八〇〇〇haが農家の生産です。工場の生産はすべて借地で、基本的に五年契約で五回収穫されます。平均の単収は一ha当たり八五トンですが、二〇一二年は霜害のため一ha当たり七五トンと低収でした。精糖期の四月から一一月にかけて、工場の農地では、コンバインの運転手を三交代して二四時間体制で収穫しています（図7-6）。工場に搬入されるサトウキビの量は一日平均一万二千トンです。コンバインの収穫ではサトウキビの葉も工場に運ばれてしまいますが、将来は葉やバガスからもエタノールを作る予定です。近隣の観光地では、バガスで作られた食器も工芸品として売られています。

この工場がサトウキビを生産する耕地は、九つの市に分布しています。そのうち約五十％は製糖工場が立地する市内にあり、工場から直線距離で二五キロ以内です。最も遠い耕地は、工場から約四五キロ離れています。この工場から半径五〇キロ以内に、競合する一〇の製糖工場があります。サトウキビは収穫直後から糖度が下がっていくことや、遠方への輸送はエネルギー効率が悪くなることを考慮すると、どの範囲からサトウキビを集めるかというロジスティックスが、製糖工場の立地や規模拡大に重要になります。

三　サトウキビ生産の課題

1　単一化する土地利用

ブラジルでは、一九九〇年代前半にサトウキビの生産と加工の自由化が進んだ結果、製糖工場への海外からの投資が増加し、砂糖とアルコールの生産コストが削減されました。自動車の燃料となるアルコールの製造は国策により保護されてきましたが、一九九〇年代後半からは砂糖の生産量も増加し、重要な輸出品になりました。二〇〇〇年代に入っても、世界的なバイオ燃料の需要の増加、石油価格の上昇、温室効果ガス排出による環境問題への関心の高まりなどを背景に、サトウキビ生産はさらに増加しています。

これまで見てきたように、ブラジルにおけるサトウキビ生産は、サンパウロ州に約六割が集中すること、製糖工場による大規模な生産が約六割を占めることに特徴があります。サンパウロ州は、温暖で雨季と乾季が明確に分かれていることや、エタノールの大消費地と輸出港を有することなど、サトウキビの生産と加工に有利な地理的条件にあります。サンパウロ州では、西部から中西部が新興のサトウキビ産地です。そこでは、機械化や灌漑等の技術の進歩により、牧草からサトウキビへの転換が増えています。私たちの研究グループが現地調査を実施したサンパウロ州の中央部は、旧来からのサトウキビ産地であり、耕地に占めるサトウキビの面積は九割以上になります。

サトウキビの産地では、複雑ですが合理化の進んだ生産構造が見られます。例えば、株出し栽培による連続栽培、新品種の開発と普及、収穫と定植の機械化、借地や製糖工場による生産の大規模化などです。特に製糖工場は、借地と所有地を管理して、サトウキビだけを大量に生産しています。農家では他の作物との複合経営も見られますが、規模が大きくなるほど、サトウキビの割合が高くなる傾向にあります。他の作物が栽培されるのは、株出し栽培の後だけであり、多くても六〜七年に一回にすぎません。このようなサトウキビの占有率が極めて高い土地利用は、生産の大規模化・合理化によりもたらされた結果であり、持続的な土地利用や食料生産という点で問題があるように思われます。

ブラジルのサトウキビ生産は、四世紀という長い歴史があるため連作障害はないと言われています。しかし、ブラジルの国土は広く、サトウキビ生産の長い歴史があるのは、北東部などの限定的

関連がほとんどないことが問題だと思われます。サトウキビの産地においても、水源や谷などは保護されることなく、サトウキビの栽培に利用されています。もちろん、そうした土地では、サトウキビを栽培するために焼畑が行われます。化石燃料の使用量が増え、大気汚染などの心配もあります。例えば、南半球で最大の人口・経済規模を誇るサンパウロ大都市圏は、食料の大消費地でもあります。しかし、その後背地では工芸作物であるサトウキビが広い面積を占めています。フード・マイレージの観点からは、サトウキビ生産の増加により、環境負荷が増加しているかもしれません。

な産地にすぎません。北東部でさえも、深耕ができない時代には、サトウキビ生産により農地の荒廃が進んだという報告があります。現在では、農業機械による天地返しや化学肥料の散布により、地力の維持は以前よりは容易になりました。しかし現在の機械による農法には、土壌侵食、地下水汚染、化石燃料使用の増大などの心配もあります。例えば、南半球で最大の人口・経済規模を誇るサンパウロ大都市圏は、食料の大消費地でもあります。しかし、その後背地では工芸作物であるサトウキビが広い面積を占めています。フード・マイレージの観点からは、サトウキビ生産の増加により、環境負荷が増加しているかもしれません。

ブラジル政府は、サトウキビ生産の無秩序な拡大を規制するために、二〇〇九年に「サトウキビ栽培のゾーニング制度」を設定しました。これにより、アマゾンの熱帯林やパンタナールの熱帯湿原においては、サトウキビの生産が禁止されるようになりました。しかし、サトウキビ生産のフロンティアであるセラード地域では、さらなる生産の拡大が予想されています。セラード地域ばかりでなく、サトウキビの主産地であるサンパウロ州の中央部においても、単一化の傾向がある土地利用への対策が必要であると思われます。

サトウキビばかりでなく、近年ではパルプ用に生産されるユーカリの面積も増加しつつあります。サンパウロ州においても地域によっては、ユーカリ林の卓越する土地利用が見られます。サトウキビの産地とユーカリの産地とでは、ともに単一の産物に特化した土地利用が見られますが、両者に関連がほとんどないことが問題だと思われます。サトウキビの産地においても、水源や谷などは保護林となっていますが、その面積は広くはありません。今後はサトウキビの耕地の下にユーカリ林を配置するなどして、生態学的な面でも多様性に富んだ土地利用の展開が期待されます。このことは次項で説明するように、サトウキビ生産に使われる肥料の多さと急速な機械化にも関連します。

2　施肥と機械化

ブラジルのサトウキビの単収は一ha当たり八〇〜一五〇トンと多収ですが、施肥も一ha当たり四〇〇〜一五〇〇キロと大量に投入されています。この施肥は、ダイズやトウモロコシよりも多量であること、成分比は窒素とカリの多い谷型になることに特徴があります。ブラジルは肥料原料の輸入大国です。国際肥料工業協会によると、二〇一〇年における肥料消費量一〇一三万トンのうち七四%を輸入品が占めました。なかでも窒素とカリの輸入割合が高く、それぞれ七六%と九七%に達しています。GPSを搭載したトラクターによる精密農業により、施肥の効率化が進められていますが、外国に依存した肥料の供給体制は、必ずしも持続的な農業であるとは言えません。

サトウキビの生産・加工面では、施肥と廃液処理という一石二鳥の手法として、ビニャーサの散布が注目されています。しかし、この技術は二〇世紀の終わりに実用化されたばかりで、その効果はまだ未確定です。ビニャーサの継続的な散布は、人工の酸性雨を注ぐことに等しいので、土壌の酸性化と土壌養分の溶脱、土壌の硬化が心配されるという意見もあります。また、収穫作業を中心に機械化が進行中ですが、急速な機械化には、環境面と社会面の問題が伴います。環境面では、大型で重量のあるトラクターやコンバインの使用により、土壌の硬化や土壌侵食の危険があります。大規模な農家では、農作業に応じてトラクターの大きさを使い分けていますが、中・小規模な農家では、すべての作業を中規模のトラクターで代用するため、化石燃料の使用が増えることになります。

機械化の社会面の課題としては、農村の雇用問題に言及できます。ブラジルのサトウキビの収穫は伝統的に、収穫の直前に火入れをする手刈りでした。この方法は、アワフキムシ(*Mahanarva fimbriolata*)などの虫害を防ぎ、農薬の使用を減らす効果があります。しかし、サトウキビの火入れは、住民の生活に悪影響があるとされ、批判の対象となっています。サンパウロ州では二〇〇七年に改訂された条例により、勾配一二%までの耕地(機械収穫が可能な傾斜)は二〇一四年まで、勾配一二%以上の耕地または一五〇ha未満の農家の耕地は二〇一七年までに段階的に火入れが禁止されることになっていました。しかし、二〇一二年六月には、連邦裁判所の判事の命令によって、特定の地域で火入れがすべて禁止になり、生産者や収穫請負い業者にとって大きな問題となりました。このような法律によっても機械化が進んでいます。

以前、私がブラジルのパンタナール地方で調査していたときも、河川流路の人為的な変更が規制されるという事例がありましたが、意思決定機関(者)による法律の急変もブラジル社会の特徴であるように思われます。今後、農村と都市の住民が十分な議論をした上で、内発的な発展を実現していく必要があると考えられます。

〈付　記〉

現地調査ではサンパウロ大学農学部のリカルド・シロタ教授、筑波大学生命環境系の林久喜教授のお世話になりました。研究の予算は、科学研究費補助金基盤研究（B）「ユーカリ林を組み込んだ土地利用連鎖系による持続的土地利用の実証と体系化」（課題番号 23401003）を使用しました。

【読 書 案 内】

丸山浩明編『世界地誌シリーズ6　ブラジル』朝倉書店、二〇一三年。

大学の地理教育向けに、ブラジルの自然環境、都市問題、民族、宗教、音楽、アグリビジネス、観光、日本移民、出稼ぎなどを章立てて詳しく説明している。

仁平尊明監修・帝国書院編集部編『帝国書院　地理シリーズ　世界の国々7　南アメリカ州』帝国書院、二〇一二年。

学校図書館向けの南アメリカ大陸地誌の入門書。農業関係では、ブラジルだけでなく、アルゼンチンのパンパなどの解説もある。

松本栄次『写真は語る南アメリカ・ブラジル・アマゾンの魅力』大明堂、二〇一二年。

自然環境（地形・気候・土壌・植生）、産業、文化などの総合的な視点からブラジルを中心とする南アメリカの地誌を紹介している。サトウキビ関係ではビニャーサの写真と解説がある。

伊藤汎監修『砂糖の文化誌——日本人と砂糖』八坂書房、二〇〇八年。

砂糖の生産と貿易の歴史、甘いを示す言葉の分布、日本食（和菓子、おせち料理、黒糖、漬け物）と砂糖の関係など、砂糖の文化的側面が詳しく紹介されている。

日高秀昌・岸原士郎・斎藤祥治編『砂糖の事典』東京堂出版、二〇〇九年。

砂糖の種類(カンシャ糖、テンサイ糖、メープルシロップなど)と製造方法、砂糖の化学的性質の解説のほかに、料理で砂糖を使うコツや健康面などの生活に関わる項目が説明されている。

第八章　フランスに見る食と文化の国際社会学

樽本英樹

一　「食」と「文化」のクエスチョン

この世に産まれてから今までで、いちばんおいしかった食べ物または料理は何でしょう？　戦時中や戦後すぐの食料不足のときなら、アメリカから支給されたコンビーフやパイナップルの缶詰が思い浮かぶかもしれません。または、子どもの頃にお母さんがつくってくれたカレーライスでしょうか。それとも先週末にレストランで食べたビーフステーキでしょうか。読者のみなさんそれぞれがそれぞれの答えを持っていることでしょう。そしてみなさんの記憶の中で輝いているその食べ物は外国のものであるかもしれません。グローバル化の現代は国境を越えてどんどんモノが入ってくる時代ですから、日本の原産でないおいしいものに簡単に出会えることでしょう。

本章は、食と文化について国際社会学の観点から考えていきます。その際、二つの問いを出発点に置きましょう。一つめは、とても素朴な問いです。そのおいしかった食べ物や料理をなぜ食べたのでしょう。どんな理由からその食べ物や料理を口にし、おいしいと思ったのでしょう。すなわち、「私たちはなぜ食べるのだろうか」という問いです。

もうひとつの問いは、まさに本書のテーマです。「食」と「文化」の関係とはどのようなものなのでしょうか。

まずは議論が散漫にならないよう、場所を絞りましょう。フランスはどうでしょう。そして主にパリに注目しましょう。なんといってもフランスは「食」の国、そしてパリは「食」の街です。「食と文化」を考えるには最適の場所でしょう。そして読者のみなさんも大好きな国と街でしょう。

また私の個人的な事情ですが、二〇一三年前半に四カ月と二二日、パリ政治学院(Sciences Po, Paris)に招聘教授として滞在しました。その間に得た、フランスとパリの「食と文化」に関する知見に基づいて考えていきましょう。さあ、国際社会学は「食」と「文化」をどんなふうに料理できるでしょうか。

二　生存のための「食」

1　ファン・ゴッホの「食」

一枚の絵を思い出しましょう。ファン・ゴッホの若き日の代表作、「馬鈴薯を食べる人たち」(食卓についた五人の農民)です。暗めの部屋の中で五人が座っています。身なりを見ると裕福ではなさそうです。何かを食べています。何を食べているのでしょうか。じゃがいもです。じゃがいものの他には何もなさそうです。ゴッホは同じモチーフの絵を何枚か描いています。みなさんも美術館やテレビなどどこかで目にしたことがあることでしょう。

厳密に言うと、ゴッホはオランダ生まれですし、この絵もオランダが舞台だったと言われています。しかし、この絵を描いた後ゴッホはパリに移って一生懸命画家の修行をして、それで今フランスに眠っています。そこでフランスの話に含めさせてください。彼が眠っているのはオーヴェル・シュル・オワーズというパリから西へ車で一時間ほど行ったところ。ゴッホの絵で見たことがあると言いたくなるような麦畑が広がっていて、その中にちょっと大きめの墓地があります。

その一角にゴッホと弟のテオがとなり同士で眠っているわけです。とても素敵なところです。
そのゴッホが描いたじゃがいもの絵ですけれども、この絵は端的にあることを示しています。貧しい農家のようです、食べるものは、たぶんじゃがいもしかありません。なぜ私たちは食べるのか、まずは生きるためでしょう。これが一つめの答えとなります。

2　パリのサラメシ

ゴッホの絵のじゃがいもほど極端でなくても、私たちも生きるために食べていると思うときがあります。最近、「サラメシ」という言葉が登場しました。NHKの番組の名前になっています。働いている人々のお昼ごはんを総称して「サラメシ」と呼んでいるのです。

フランスの人々、特にパリの人々のサラメシに興味はありませんか。どんなものをお昼に食べていると思いますか。お金と時間に余裕のある人は、もちろんレストランとかブラッセリとかカフェへ行きます。でもそういう店に入ると注文の仕方にもよりますが、簡単に日本円で二〇〇〇円くらいはかかってしまう。普通の人なら毎日は行けません。

では、みんなどうしているか。ひとつの解答はパン屋さんへ行くことです。パリにはすごくよいパン屋さんがたくさんあります。たくさんの種類のパンが並んでいるだけでなく、日本で言うサンドイッチも売っています。例えば次頁上段の写真のサンドイッチはゴマがちょっとついている丸いパンでおいしそうでしょう。これは日本ではなかなか買えません。なぜか。この具の赤いもの、何か分かりますか。フランス語で言う「カナール」、鴨肉がはさまっているのです。パリ滞在中の私の好物でした。これを研究室に持ち帰って食べながら、本や論文を読んだり、『ルモンド』という新聞を読んだりしていました。この鴨肉のサンドイッチで四・六ユーロなので、日本円で五〇〇円を超えています。それでもこれがパリではかなりお得なサラメシなのです。

パン屋さんのパン以外なら何が食べられるか。例えば中段の写真のようにショーウィンドウの中にいろいろなおかずが並んでいて、好きなものを選んで量も指定して持って帰れるという店もあります。これは中華のテイクアウトの店です。パリでは中華もとても人気です。

こういうサラメシをなぜ食べるのか。午後も仕事をするために食べているのですね。ゴッホの

じゃがいもほど極端ではないですが、栄養補給のため、生きるために食べているのです。つまり、ゴッホの絵のじゃがいも、そしてパリのサラメシは、基本的に生理的な欲求を充足するためにみんな食べているのです。

「欲求充足」というのは社会学の用語です。ちょっと難しいですね。私たちは生きていく上でいろいろなことをします。例えばみなさんが大学主催の公開講座に行ったとします。公開講座に行くという「行為」は、「学びたい」という欲求を充足するために行っています。どんな人も欲求を持っています。その欲求を充足するために何かをしようとするのです。

ゴッホのじゃがいもやパリのサラメシは、まずは空腹を満たしたい、栄養補給をしたいという生理的な欲求を充足するために、食べられています。ここでみなさんはピンとくることでしょう。本書のテーマは「食と文化」でした。生理的な欲求充足のために食があるのなら、文化と関係ないじゃないかと。そのとおりです。じゃがいもとサラメシで話が終わってしまったら、あまり文化の香りがしません。どのような食からなら文化の香りが漂ってくるのでしょうか。

三　楽しみのための「食」

1　フランスの「食」

　私にはフランス人の友人が七、八人います。フランス滞在中はその友人たちによく声をかけてもらいました。ある友人は自分の家族が持っている別荘に週末、招いてくれました。パリから南東に電車で一時間少しのところにオーセールという街があります。その中世の雰囲気を残した街の郊外に別荘はありました。ひいおじいさんの代までは農場だったそうで、緑に囲まれています。別荘は築一八〇年という年代物ですが、よく手入れされていてとても快適に滞在することができました。
　その別荘でおいしい料理を三日間にわたっていただきました。ある晩ご飯では、まず友人のお父さんが三、四種類の食前酒を出してくれました。私はマティーニをいただきました。よくカクテルで飲まれるちょっと強いお酒ですね。その横のまな板の上にはフランスパンが載っています。フランス語でいう「バゲット」です。お母さんがまず出してくださったのは、生ハムとメロン。これがいわゆる前菜です。マティーニをちびちびやりながら、

前菜、そしてオリーブを食べる。さらに、マティーニを飲み終える頃、お父さんがワインを出してくれました。超地元のワインで二〇年以上前の年代物でした。

前菜を食べ終わると主菜、メインディッシュです。このときは、野菜の煮込み、「ラタトゥーユ」でした。お母さんによれば南フランス由来の料理だとのことです。加えて、地元のソーセージとチキンも焼いてくださいました。これら野菜の煮込み、ソーセージ、チキンを各自好きなだけ皿に盛って食べる。もちろんワインを飲みながらです。

さらに、日本人の感覚では分かりづらいのですが、主菜の後に五、六種類のチーズが出てくるのです。フランスの人々が主菜の後によくチーズを食べることを私は知っていました。しかしここにお呼ばれするまでは、その意味がよく分からなかった。もうお腹いっぱいじゃないか、後のデザートが食べられなくなるじゃないか、そんなふうに思っていました。しかし、今回納得しました。チーズには乳酸菌がたくさん含まれているので、消化を助けるのではないかと。また、チーズ

をフランスパンに載せて食べるとすごくおいしかった。もう癖になりそうです。

最後は、「このためにフランスの食はある」と言われている、デザートです。お母さんの好みで、指で簡単につまめるぐらいの小さなケーキを何種類も出してくれました。みんなで順番に一個ずつ選んで食べる。これを三まわり繰り返すと、カフェ（日本でいうエスプレッソ）を飲みながら、もう大満足の境地です。

このようなフランスの食には「構造」があります。つまりある決まった型があります。まず食前酒があって、前菜が出て、パンが出て、ワインが出て、そして主菜があって、チーズが出て、デザートで締める。もし、ただ単に生きていくため、ただ単に栄養補給のためだったらこんな構造は必要ありません。つまり、生理的欲求以上のものを求めているからこういう形になっている。これが文化なのです。食を楽しみたいという欲求を充足するためにこういう決まりきった型、構造がつくりだされている。加えて、私のような客を招いていることもさらに文化の香りを漂わせます。食べながらいろいろな話をします。このときはこの別荘のあるブルゴーニュ地方がワインで有名だという話がはずんだ後、実は極右政党の支持者が多いといった硬い話題にも及びました。

楽しい話であれ、ちょっと硬めの話であれ、人を招いて会話をするためにも、こういった食がある。つまり、おいしい料理を楽しむため、そして友人などと社交するという人間関係のために食があるという意味で、食は文化的な欲求を充足させるためにもあると言えます。ですから、ゴッホのじゃがいもや毎日のサラメシとは異なるわけです。ひとつ違った次元に食が向かっている、すなわち、「楽しみのための食」になっているのです。

四　グローバル化とフランスの「食」

いったい食が国際社会学とどのように結びつくのでしょう。国際社会学とは、何かが国境を越えること、そしてその結果として生じたことを対象としています。モノ、お金、人、文化・情報、そして感染症も国境を越えていきます。その中でも食は、人の移動と最も密接に関連していることでしょう。移民や外国人と呼ばれる人々はただ単にその人だけが単純に国境を越えるわけではありません。人というのは生きていますから、付随していろいろなものが動くわけです。その最たるものが文化です。すぐ前で見たように食もある側面では文化のひとつなので、人の移動とともに食も国境を越えることになります。そこで、移民や外国人という観点から食と文化を考えてみましょう。

パリにも多くの移民や外国人が移住しました。いくつか集住地区が作られています。セーヌ川の少し北、ポンピドゥ現代美術館近くのマレ地区にはユダヤ系が集まりました。北上していくと観光名所のモンマルトルの丘があります。サクレクール寺院がある有名なところです。モンマルトルの丘を東に下っていくと、あたりは一変します。アフリカ系の地区です。南へ行くと今度はインド系。さらに、セーヌ川を飛び越えて、ずっと南へ行くと中国系がいます。

これらの移民集住地区から、私たちはなぜ食べるのか、食と文化にはどのような関係があるのかをさらに考えていきましょう。

１　ユダヤ系――マレ地区

まず、ユダヤ系の集まるマレ地区へ行きましょう。今では観光地にもなっています。狭めの道にお洒落なブティックがあったり、スポーツ用品のアディダスのアンテナショップ、つまり新製品を置いてどのくらい売れるかを試す店もあります。ユダヤ系っぽいところとしては、職業訓練学校とか、ユダヤ教の寺院つまりシナゴーグもあります。

もちろんレストランなど食べる場所もいろいろあります。私はレストランに詳しくないものですから、このマレ地区だけでなく他の移民集住地区についても、清岡智比古著『エキゾチック・パリ案内』(平凡社、二〇一二年)を参考に巡ってみましょう。

ユダヤ系の食堂がいくつか軒を連ねているのですが、その中でパン屋を併設しているところに

行ってみました。パンが並べられて、お惣菜も並べられていて、注文して席について食べる。私が選んだのは、この写真の「ハルシュキー」(Halusky)。キャベツ、ハム、タマネギ、自家製の短いポテト・パスタなどが入っていました。チェコのプラハ由来だそうです。チェコにもユダヤ系の人々が住んでいるのですね。この店にはありませんでしたが、ひよこ豆のコロッケのサンドイッチもユダヤ系の料理としてこのマレ地区の名物になっています。

なぜユダヤ系の料理がパリにあるのでしょう。そうです、人とともに料理が移動したのです。フランスには、古くは一二世紀から一三世紀くらいにはもうすでにユダヤ系が住んでいたと言われています。さらにユダヤ系の国際移動が活発になったのは二〇世紀初頭。このとき旧ロシア帝国でユダヤ系の虐殺がありました。そのため四万人ぐらいがフランスに移ったと言われています。そしてもちろん第二次世界大戦中はナチス・ドイツが酷いことをして、東ヨーロッパなどから多くのユダヤ系が移動しました。一〇万人以上とも言われています。フランスに住んでいたユダヤ系の中で日本で最も有名なのは画家のマルク・シャガールではないでしょうか。パリ・オペラ座の天井画を描いたことで知られていますね。

このハルシュキー、とてもおいしかった。さらに、横についてきたプリッツェルという固めのパンの表面に、ゴマみたいなものがついていて店の名前が刻印してありました。これがとても印象的でした。このようなユダヤ系の食がパリの移民という観点から見た食の一つめであります。

2　アフリカ系――シャトー・ルージュ～バルベス・ロシュシュアール

それでは二つめの移民集住地区へ行きましょう。ユダヤ系のマレ地区よりもさらに北、観光地モンマルトルの丘から東へ下ったあたりです。地下鉄の駅でいうとシャトー・ルージュやバルベス・ロシュシュアールのあたりに多くのアフリカ系が住んでいます。

わりと狭めの通りにマーケットが立っていて、活気にあふれています。そして日本から訪れた人は怪しげな雰囲気に圧倒されることでしょう。大きな肉の塊をトラックの荷台につるして、なたのような大きなナイフで切っていたりする。そんな光景にあぜんとしていると、色の濃い若い男の人々が、腕に時計やアクセサリーなどをじゃらじゃら下げて、売りに来る。

そんな街のとても小さなレストランを試しました。一階は十人くらい入ればいっぱい。テーブルを囲んだお客さんは私以外、アフリカ系の人々です。みんな私の方をじろじろ見ていました。「こいつちゃんと食べられるのか」みたいな視線でした。頼んだのは「ヤサ」というセネガルの料理。

ヤサには鶏肉のものと魚のものがあります。私は鶏肉を選びました。「ヤサ・プーレ」と呼ばれています。魚ならば「ヤサ・ポアソン」。フランス語の鶏肉と魚を後ろにくっつけているのです。そのヤサ・プーレにライスをつけて、そしてビサップというやはりセネガルで好まれているという甘いジュースもつけました。

　このようなパリにあるアフリカ系の食も、もちろん人の国際移動がもたらしたものです。まずはモロッコ、アルジェリア、チュニジアというアフリカの一番北の国々から移民がやってきました。これらの国々をマグレブ三国と呼びます。一九五四年から一九六二年までフランスはアルジェリアと戦争をしました。その前後、白人系を含んだ多くの人々がフランスへ移住しました。その後、マグレブ三国だけでなく、その南にあるマリ、セネガル、マダガスカルなどからも人が移動してきてパリのアフリカ系地区をつくりあげたのです。これらの国々はもともとフランスの植民地でした。

こうしてアフリカ食文化がパリにできあがったのです。

3　インド系――ラ・シャペルあたり

次はインド系の地区へ行きましょう。インド料理屋は日本にもたくさんあって、おなじみだと思います。パリはどこが違うんだとおっしゃるかもしれません。その違う部分に注目してご紹介しましょう。

パリの各所にパサージュという名のアーケードのついたショッピング街が一九世紀につくられました。パサージュは今でも観光客などでにぎわっています。その中で、パサージュ・ブラディー(Passage Brady)はインド系の店が集まったショッピング街です。レストランだけでなく、服屋や雑貨屋などインド満載のストリートです。

パサージュを出てもフランスだとは思えない。ラ・シャペルという地下鉄の駅のあたりは、一見ここはインドじゃないかと思ってしまいます。インドの民族衣裳の店や「インディアン・ミュージックセンター」などの看板を掲げたビデオ、CD、カセットテープを扱っている店が並んでいます。ほんのちょっと裏通りに入るとフランスの典型的なアパートに見えながら、インド系の人々が集まってきました。のぞいてみるとヒンドゥー教のお寺でした。こういった宗教施設があるということは、インド系がこのパリという街に根付いている証拠でしょう。

今回私が食べたインドの食は、次頁の写真のような料理です。ウェイターさんに「何かおすすめはありますか」と尋ねたところ、ビリヤーニという日本で言うとカレーピラフのような料理をすすめてくれました。そのときはビリヤーニでは代わり映えしないと思ったものですから、「他におすすめはありませんか」と訊いてみました。「じゃあこれはどうだ」と言って出してくれたのがこの

料理です。

クレープの上にじゃがいも、レンズ豆、卵、ひき肉が載っていて、添えてあるカレーをかけて食べます。日本ではクレープというと甘いおやつのイメージですが、これはまったく甘くありません。さらにこのクレープは米とエンドウ豆でできているそうです。クレープはフランスでも北西部のノルマンディー地方が有名なので、インド料理として出されて驚きました。ともあれ、とてもおいしかった。もちろん、ヨーグルトの飲み物、ラッシーもつけました。

このようなインド料理屋では、必ずしもインド一国の人だけが働いているとは限りません。パキスタンやバングラデシュのような同じインド亜大陸の人々が経営していたり働いている場合も多い。インド亜大陸からフランスに入国し居住している人々は、アフリカ系の人々ほど多くありません。でも日本でインド料理が目立っているように、フランスでも料理の力でインド系が目立っている面があります。食が人々の存在感をつくりだしている例でしょう。

4 中国系――オリンピアド周辺

四つめ、最後の地区へ行きましょう。中国系です。セーヌ川の南の方、パリの中心部からかなり離れたところ、オリンピアドという地下鉄の駅の近くにあります。ヨーロッパで最大の中華街だと言われています。写真を見ると、意外に思うかもしれません。高層ビルが見えます。でも少々歩いて行くと、赤や黄の中国っぽい看板が見えてきます。大きなスーパーがいくつかあります。最も大きなものは「陳氏百貨商場」(タン・フレール)といって、アジアの食材をたくさんそろえています。日本の食材もあります。カップラーメンなどのレトルト食品、昆布などの乾物、キッコーマンの醤油などが置いてあります。

二つのレストランを試してみました。一つは麺の店です。麺とは別添えでもやしや香草の盛られた皿も出てきて、好きなだけ麺に載せて食べます。味はとてもビール

に合っておいしいです。店の前には行列ができていました。この麺は米でできています。ご存じの方も多いことでしょうが、この麺をフォーと言います。ベトナムからの華僑、つまり中国系の人々がフランスにもたらしました。

もう一つのレストランは中華街のはずれにあります。名物の牛肉鍋を頼んでみました。ものすごくおいしかった。でも唐辛子たっぷりでものすごく辛かった。ご飯をおかわりし、そしてビールもおかわりすることになりました。

このような中華街がなぜできたのでしょう。もちろん、このような中華の食も人々が流入してパリにできあがりました。まず中国は、フランスとかなり関係が深い国なのです。なぜでしょう。

一つの理由は社会主義でしょう。アヘン戦争、日清戦争、義和団事件、辛亥革命、北伐といった激動の時代の中で、「留仏勤工倹学」と呼ばれるように知識人たちが学問や政治を学ぶためにフランスへ渡りました。例えば周恩来は、修業時代にフランスに渡ってパリで政治活動をしていました。今回訪れたレストランにほど近いところに、周恩来が当時泊まったホテルが残っています。フランスは社会主義に理解のある国なのです。さらにベトナム、ラオス、カンボジアなど東南アジアからも多くの中国系の人々が移っています。それはなぜか。インドシナ半島はフランスの植民地だったのです。特に一九四六年から五〇年代半ばのインドシナ戦争や一九六〇年代から七〇年代にかけてのベトナム戦争が起こると、多くの人々が難民になりました。その人々はどこへ行くか。一つの有力な選択肢はフランスだったのです。そのときにはすでにフランスは植民地を手放していたのですが、旧宗主国と旧植民地の歴史的な関係が中国系の人々を引き寄せたのです。

一九六〇年代当時フランスはパリのはずれにスポーツ施設や高層アパートなどをつくって、都市の再開発をしようとしていました。あわよくばオリンピックを誘致しようとも思っていました。その地区につけられた名前が「オリンピアド」です。ところがオリンピックの誘致にもフランス住民の移住にも失敗してしまった。ではどうするか。空家になるくらいだったら安い家賃で誰かを住まわせたい。そこで、多くの中国系の人々が移り住みました。こういった歴史が中国系の食をつくりあげたわけです。

五　人のグローバル化と「食」の多文化化

ユダヤ系、アフリカ系、インド系、そして中国系といった四つの事例を見てきました。人のグローバル化によって食文化がつくられていくと、次のようなことが特に顕著になっていきます。食、すなわち食べることは自分たちがどんな人か、またどんな人々かを示すということです。例えば、みなさんはどのような食事を毎日とっているでしょう。日本に住んでいるとほとんど無意識のうちにお米を主食として食べているのではないでしょうか。それだけだったら他のアジアの国の人々と同じかもしれません。お米だけではなく味噌汁も一緒に食べているのではないでしょうか。そしてときには焼き魚も一緒に食べたりする。加えて大根の煮物もつけたりする。このような品々は日本文化を構成していると見なされます。とすれば、私たちは何かを食べることで無意識のうちに自分が日本文化を持っている人だということを示している。別の言葉を使うと、食は食べる人のアイデンティティを規定してしまうのです。

もうひとつの問題は、グローバル化でどんどん強化されがちなことです。食はある人々の文化を決めつけてしまうこともある。「この人は、結局こんな文化を持った人だ」とラベルを張ってしまうことがグローバル化という世界的な社会変動の中で非常に大きな問題に発展してしまいかねないのです。

これらの二つの問題を以下で考えていきましょう。

1　アイデンティティをめぐる「食」

まず、食が人々のアイデンティティと深く関係しているという話です。アフリカ系、ユダヤ系、中国系、インド系に関しても起こりうることなのですが、ここではひとつ極端な例を考えてみましょう。

写真はタジンという食べ物です。食べたことがある方もいるかもしれません。その横についている粉っぽいものは、クスクスです。これらはアフリカやアラブの人々がよく食べています。このタ

ジンには、プルーンと玉ねぎと鶏肉が入っていました。実はウェイターさんに羊肉を頼んだのですけれど、私のフランス語が上手すぎて、鶏肉が出てきました。でもすごくおいしかったです。

ちょっと意外なことはどこで食べたかです。実はモスクの中です。イスラム教の寺院の中なのです。パリの「ラ・グランド・モスク・ドゥ・パリ」という寺院の中にレストランがあります。そしてこの料理はイスラム教徒が食べられるようになっています。イスラム教徒はハラルフードしか食べられません。ハラルフードとは、イスラム教の教えに従って食べてもよいとされる食べ物のことです。例えば、イスラム教徒は豚肉やアルコールの入った食品を食べてはならないとされています。牛肉や鶏肉や羊肉は食べるのを禁じられてはいないのですが、祈りながら殺生するなどイスラム教の作法に従って調理されたものしか食べてはいけないことになっています。この料理タジンはもちろんハラルフードです。

別の店を見ましょう。緑のアラビア文字が書かれた丸いマークがついています。これは「ハラル」を扱っている店だということを示しています。ハラルの肉を売っている肉屋はもちろん、ハラルのファーストフード店もあります。ハンバーガーがハラルだったりするのです。

このようなハラルフードを食べている人は、食べることで「自分たちはイスラム教徒だ」と常に宣言している。ハラルフードしか食べないのですから。「自分たちはイスラム教徒だ」と毎食毎食、自己呈示していることになるわけです。

ハラルフードだけではありません。アフリカ系の食べ物もフランスの食べ物も同じです。食というのはある意味、自分が何者であるのかを示すために、アイデンティティを求めて食べているという側面があるわけです。つまり、自分はこういったものを食べるイスラム教徒だよ、ということを示したいがために食べている。すなわちアイデンティティ欲求の充足をしていることになります。普段私たちはほとんど意識していません。しかし毎晩、お米のご飯と味噌汁と焼き魚と煮物を食べながら、無意識のうちに自分は日本文化を背負った人だよ、と示している。このアイデンティティ欲求充足の極端な例がハラルフードなのです。

2　食による文化のステレオタイプ化

二つめの問題は、食による文化のステレオタイプ化です。「ステレオタイプ化」というのは別の言葉を使うと「決めつけ」と言えばよいでしょう。つまり、「あなたの文化はこれこれのようでしょう」と現実とは異なったり誇張されたものとして信じ込まれ、ときには押しつけられることです。

まず写真を見ましょう。ちょっと小さくてわかりづらいのですが、寿司や焼き鳥などが写っています。これはパリの街角の日本食レストランの表に張ってあったメニューです。パリには驚くほどたくさんの日本食レストランがありますが、そのほとんどのメニューが「寿司と焼き鳥」です。

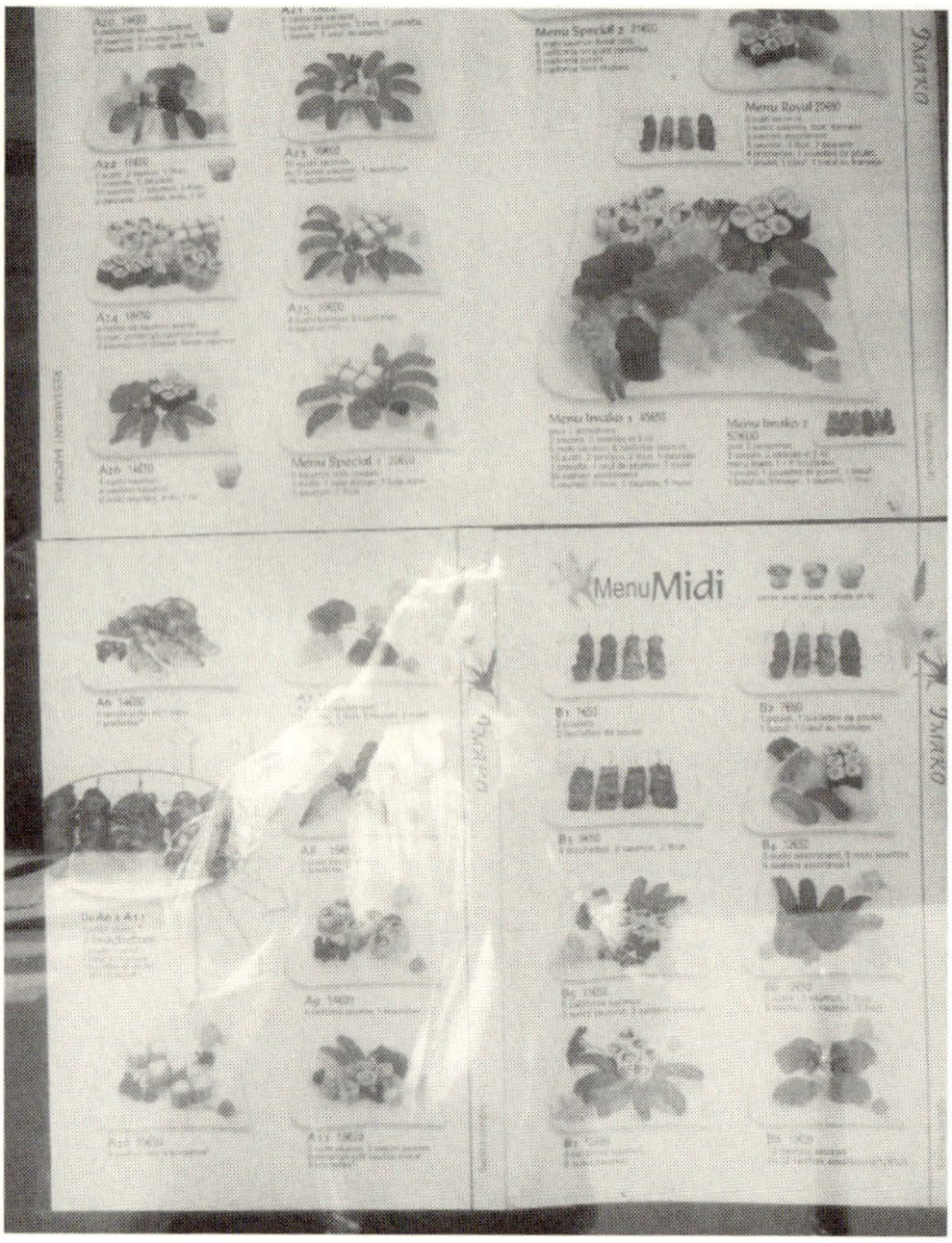

もちろん例外はあります。私の住んでいたアパートの近くに、白い壁で入口がすごく小さくて、フランス語と日本語の行書体で小さく書かれたお品書きが張ってある高級そうな店がありました。メニューを解読すると、懐石料理でした。でも値段を見たら一五七ユーロ。一ユーロは一三〇円ちょっとでしたから、私の給料では試す勇気は出ませんでした。

パリ政治学院の研究所で論文を書いていると、いろいろな人がのぞきにきてくれました。よくみんなが言ってきたのは、「ヒデキ、昨日ね、家族で日本食食べに行ったのよ」。「何食べたの?」と訊くと、「うーんと、お寿司と焼き鳥」。ひとりやふたりではありません。みんなそう言ってくる。つまり日本食といえば寿司と焼き鳥というある種の決めつけが起きているのです。

もちろん、日本のことをよく知っている方もいらっしゃいます。日本食にはもっといろいろなものがあるよねなどと言ってくれます。でも、多くの人々はパリで暮らしていると、日本食というと寿司と焼き鳥になるわけです。社会学で言う「文化のステレオタイプ化」が起こっているわけです。確かにこの日本食程度のステレオタイプ化であれば、あまり問題はないことでしょう。しかし、このようなステレオタイプ化が移民・外国人に関する偏見や差別や排除につながらないとも限らない。これが文化のステレオタイプ化の心配される点であります。

六　グローバル化における食と文化のこれから

それでは結論にまいりましょう。私たちの問いは二つでした。「なぜ私たちは食べるのか」そして「食と文化の関係とはどのようなものか」。これら二つの問いを考えるために、フランス・パリの事例を見てきました。

まず一つめの問いに対する答えは何でしょう。「食というのは欲求充足の一手段である」。つまり私たちは欲求を持っていて、それを満たすために何かをする。その一つの手段として食があるのです。しかし、私たちの欲求には種類があります。生理的な欲求もあれば文化的な欲求もある。

ゴッホのじゃがいもの絵やサラメシのように、生存するために私たちは食べます。これはまさに生理的な欲求充足です。しかしそれをいったん離れて、例えば人間関係を維持したいとか誰かに会いたいとか、または楽しみのためとか、そういったところまで食が及ぶとすればそれは文化的な欲求充足の一手段となるわけです。とすれば多くの場合、食の実践というのは、すなわち文化の実践であるということになります。つまり、食べることはすなわち文化活動を行っているということである。このようにも結論づけることができます。

そして、文化の実践としての食が社会問題になることがあります。人が国境を越えて移動するような時代、私たちが生きているこの時代、グローバル化の時代においてはとても大きな問題になってきました。特に、アイデンティティをめぐる緊張が引き起こされかねない。「え、あなたはこれを食べる人なの?」ということはつまり、「あなたはイスラム教徒なの?」となりかねないわけです。「あなたはこれを食べる人なの?」ということが「だからこの人を認めることはできない」と判断されかねない。つまり社会と社会、集団と集団、または移民・外国人とそれ以外の人々の間に「食」を介して社会的な緊張が簡単につくりだされかねない時代となりました。

そして二つめに、人のグローバル化に伴って食の実践が文化のステレオタイプ化を容易に生み出しかねない。国境が低くなってますから、日本食レストランをつくろうと思えば、以前と比べたら簡単に別の国でつくれるわけです。でも、つくった結果、「日本食＝寿司と焼き鳥」になりかねない。このような文化のステレオタイプ化がグローバル化した社会の中で大きな問題になりかねない。これが私たちの問いの二つめ、「食と文化の関係とはどのようなものか」に対する答えになると思います。

最後に、このような考察から私たちはどのような示唆を得られるでしょうか。私たちは生存するために生理的欲求に従って食べてもいますから、食を尊重するということは、まずは自分の健康を守ることです。それと同時に食を尊重するということは、文化を実践することを通じて、自分を尊重して、他者を尊重することにつながっていきます。つまり、自分たちの食を大事にすることは、自分を尊重することです。他の人々の食を尊重するということは、他者を尊重するということです。したがって、グローバル化社会において私たちがやらなければいけないことは次のことだと思います。食べることは外国人・移民のような他者を理解することにつながるということをよく自覚する、少なくとも食べることは他者を理解する一歩、それも重要な一歩だということを忘れないということでしょう。もちろん、嫌いなものをわざわざ食べる必要はありません。アフリカ料理はちょっと食べたくない、のように人には好みがあります。しかし、日本のクジラのように各国間の軋轢につながりかねない問題が生じている今、他者の食を尊重することはこれまで以上に重要な個々人のとるべき態度になってきているのです。

【読 書 案 内】（本論文で参照した文献でもあります）

清岡智比古『エキゾチック・パリ案内』平凡社、二〇一二年。

　パリの移民と食との関係を、さまざまなエピソードをまじえながら書いています。パリのガイドブックとしても実用的に使えます。

樽本英樹『よくわかる国際社会学』ミネルヴァ書房、二〇〇九年。

　さまざまな食をもたらす国際移民に関して、日本で最もまとまった教科書です。私の著作なので手前味噌ですが、ぜひお手にお取りください。

樽本英樹『国際移民と市民権ガバナンス――日英比較の国際社会学』ミネルヴァ書房、二〇一二年。

　国際移民について国家との対立という点からさらに知りたい意欲的な方におすすめです。

おわりに

「はじめに」で述べましたように、本書は、北海道大学大学院文学研究科・文学部による平成二五年度公開講座「食と文化——食物を通じて、世界の文化を考える」の講義をもとにまとめたものです。公開講座には一一四名の申込みがあり、盛況のうちに修了することができました。公開講座の日時と講義題目は次のとおりです。

五月一五日(水)　細田典明「古代インドにおける食の概念」
五月二二日(水)　佐々木啓「聖書は食べ物について何を教えているか？」
五月二九日(水)　守川知子「ペルシア宮廷のワインとシャーベット」
六月　五日(水)　山本文彦「中世・近世ヨーロッパの旅人の飲食」
六月一二日(水)　武田雅哉「猪八戒は食いしん坊か？」
六月一九日(水)　大西郁夫「ロシア文学に見る食の風景」

六月二六日(水)　仁平尊明「ブラジルにおけるサトウキビ栽培の発展」
七月　三日(水)　池田　透「生きるために食べる——生存戦略としての「食」」
七月一〇日(水)　樽本英樹「食と文化の国際社会学」
七月一七日(水)　質疑応答

また、本書の姉妹編である『旅と交流——旅からみる世界と歴史』を併せて読まれることをおすすめいたします。

最後になりましたが、本書が刊行の運びとなりましたのは、研究科長、広報委員長ならびに研究推進室の山本文彦室長、森岡和子さん、真弓麻実子さんのお力添えのおかげです。北海道大学出版会の今中智佳子さんには大変お世話になりました。心より感謝申し上げます。

細田典明

執筆者紹介（執筆順）

細田典明（ほそだ のりあき）　一九五七年生、北海道大学大学院文学研究科博士課程中退。現在、北海道大学大学院文学研究科・教授（宗教学インド哲学講座）。論文に“The simile of the leech (jalāyukā) as saṃsārin” (Three mountains and seven rivers, Motilal Banarsidass Publishers, 2004)、「『雑阿含』道品念處相応」（『インド哲学仏教学論集』第二号、二〇一四年）。

佐々木　啓（ささき けい）　一九五九年生、北海道大学大学院文学研究科博士課程中退。現在、北海道大学大学院文学研究科・教授（宗教学インド哲学講座）。共著に『聖と俗の交錯』（北海道大学図書刊行会、一九九三年）、『面白いほどよくわかるキリスト教』（日本文芸社、二〇〇八年）。

守川知子（もりかわ ともこ）　一九七二年生、京都大学大学院文学研究科博士後期課程研究指導認定退学、博士（文学）。現在、北海道大学大学院文学研究科・准教授（東洋史学講座）。単著に『シーア派聖地参詣の研究』（京都大学学術出版会、二〇〇七年）、論文に「地中海を旅した二人の改宗者――イラン人カトリック信徒とアルメニア人シーア派ムスリム」（長谷部史彦編『地中海世界の旅人』慶應義塾大学言語文化研究所、二〇一四年）、「「イラン史」の誕生」（『歴史学研究』第八六三号、二〇一〇年）。

山本文彦（やまもと ふみひこ）　一九六一年生、東北大学大学院文学研究科博士課程後期修了、博士（文学）。現在、北海道大学大学院文学研究科・教授（西洋史学講座）。単著に『近世ドイツ国制史研究――皇帝・帝国クライス・諸侯』(北海道大学図書刊行会、一九九五年)、訳書に『神聖ローマ帝国一四九五―一八〇六』(ピーター・H・ウィルスン著、岩波書店、二〇〇五年)、『中世ヨーロッパ社会の内部構造』(オットー・ブルンナー著、知泉書館、二〇一三年)。

武田雅哉(たけだ まさや) 一九五八年生、北海道大学大学院文学研究科博士課程中退。現在、北海道大学大学院文学研究科・教授(中国文化論講座)。単著に『〈鬼子〉たちの肖像――中国人が描いた日本人』(中央公論新社、二〇〇五年)、『楊貴妃になりたかった男たち――〈衣服の妖怪〉の文化史』(講談社、二〇〇七年)、『万里の長城は月から見えるの?』(講談社、二〇一一年)。

大西郁夫(おおにし いくお) 一九五八年生、北海道大学大学院文学研究科博士後期課程単位取得退学。現在、北海道大学大学院文学研究科・准教授(西洋文学講座)。論文に「『オブローモフ』におけるコーヒーとウォトカのイメージ」(『ロシア語ロシア文学研究』第三三号、二〇〇一年)、「ロシア文学における北方イメージ」(北海道大学大学院文学研究科・文学部/北大文学研究科公開シンポジウム『北方的―北方研究の構築と展開』報告書、二〇〇七年)。

仁平尊明(にへい たかあき) 一九七一年生、筑波大学大学院博士課程地球科学研究科修了、博士(理学)。現在、北海道大学大学院文学研究科・准教授(地域システム科学講座)。単著に『エネルギー効率から見た日本の農業地域』(筑波大学出版会、二〇一一年)、共編に『地域調査ことはじめ――あるく・みる・かく』(梶田真・加藤政洋と共編、ナカニシヤ出版、二〇〇七年)。

樽本英樹(たるもと ひでき) 東京大学大学院人文・社会系研究科博士課程修了、博士(社会学)。現在、北海道大学大学院文学研究科・准教授(社会システム科学講座)。単著に『よくわかる国際社会学』(ミネルヴァ書房、二〇〇九年)、『国際移民と市民権ガバナンス――日英比較の国際社会学』(ミネルヴァ書房、二〇一二年)、共編著に『現代人の国際社会学・入門――トランスナショナリズムという視点』(西原和久と共編著、有斐閣、二〇一五年刊行予定)。

<北大文学研究科ライブラリ 10>
食と文化——時空をこえた食卓から

2015年3月31日　第1刷発行

編著者　細田典明

発行者　櫻井義秀

発行所　北海道大学出版会
札幌市北区北9条西8丁目 北海道大学構内（〒060-0809）
tel. 011(747)2308・fax. 011(736)8605 http://www.hup.gr.jp/

㈱アイワード

ISBN 978-4-8329-3388-0

「北大文学研究科ライブラリ」刊行にあたって

このたび本研究科は教員の研究成果を広く一般社会に還元すべく、「ライブラリ」を刊行いたします。これは「研究叢書」の姉妹編としての位置づけを持ちます。「研究叢書」が各学術分野において最先端の知見により学術世界に貢献をめざすのに比し、「ライブラリ」は文学研究科の多岐にわたる研究領域、学際性を生かし、十代からの広い読者層を想定しています。人間と人間を構成する諸相を分かりやすく描き、読者諸賢の教養に資することをめざします。多くの専門分野からの参画による広くかつ複眼的視野のもとに、言語と心魂と世界・社会の解明に取りくみます。時には人間そのものの探究へと誘う手引きとして、また時には社会の仕組みを鮮明に照らし出す灯りとして斬新な知見を提供いたします。本「ライブラリ」が読者諸賢におかれて「ひとり灯のもとに文をひろげて、見ぬ世の人を友」(『徒然草』一三段)とするその「友」となり、座右に侍するものとなりますなら幸甚です。

二〇一〇年二月

北海道大学文学研究科